엄마의 자기혁명

엄마의 자기혁명

지은이 | 김상임, 이은아

초판 1쇄 발행 | 2015년 2월 7일

발행처 | 도서출판 작은씨앗
공급처 | 도서출판 보보스
발행인 | 김경용
기획 | 출판기획전문 (주)엔터스코리아

등록번호 | 제 300-2004-187호   등록일자 | 2003년 6월 24일

주소 | 서울시 서초구 우면동 77-13
전화 | (02) 333-3773   팩스 | (02) 735-3779
이메일 | ky5275@hanmail.net

ISBN 978-89-6423-172-2 13300

이 도서의 국립중앙도서관 출판시도서목록(CIP)은 서지정보유통지원시스템 홈페이지(http://seoji.nl.go.kr)와
국가자료공동목록시스템(http://www.nl.go.kr/kolisnet)에서 이용하실 수 있습니다.
(CIP제어번호: CIP2014024220)

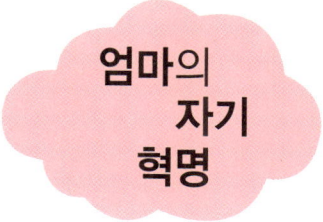

엄마의 자기 혁명

워킹맘, 전업맘 코칭으로 행복을 향해 날다!

김상임, 이은아 지음

대한민국 엄마를 응원합니다

우리는 행복한 삶을 위해 많은 노력을 합니다. 그러나 매년 하락하고 있는 대한민국의 행복지수를 보면 가슴이 아픕니다. 아동들의 삶의 만족도도 OECD 국가 중 최하위입니다. 행복이라는 것이 무엇이기에, 행복한 삶이란 어떤 것이기에 우리와 자꾸 멀어지는 것일까요. 독자 분들이 생각하는 '행복'은 무엇입니까?

이 책은 인생이 행복한 두 엄마의 이야기입니다. 87년 삼성그룹 공채로 입사하여 CJ그룹에서 25년간 근무하며 결혼하고 출산했음에도 불구하고 대졸 공채사원 최초로 여성임원이 된 워킹맘과 두 자녀의 교육에 맹목적으로 올인하며 자신의 삶이 아닌 타인의 삶을 살아온 전업맘의 자기혁명적인 변화 스토리입니다. 두 엄마는 코칭이라는 것을 만나 이전과는 완전히 다른 삶을 살게 되었습니다.

이 책은 후배 엄마들에게 두 엄마의 작은 경험을 전하고 싶은 마음에서 출발했습니다. 과거에 힘들고 미숙했던 삶조차도 아주 소중한 경험이었고 그 소중한 경험이 미래를 디자인해 나가는데 엄청난 엔진이 된다는 점을 깨닫고 새로운 인생 이모작을 멋지게 일구고 있는 인생의 여정을 공유하고 싶은 마음입니다. 행복한 워킹맘, 행복한 전업맘이라고 자신하는 두 엄마는 어떤 메시지를 주고 싶은 것일까요? 색깔이 전혀 다른 두 엄마는 전하는 메시지는 이렇습니다.

첫째 '자존감을 높이고 스스로의 삶을 디자인하고 개척하라'
조직에서든 가정에서든 자기존중감을 찾는 것은 매우 중요합니다. 우리는 누군가에게 목메는 삶을 살기도 하고, 타인의 삶의 주인이 되어 열정을 불태우는 경우도 있습니다. 그러다 보면 어느새 '나'라는 존재는 잊기 마련입니다. 행복의 시작은 나를 온전히 찾는 것에서 시작됩니다. 내가 누구인지, 어떤 강점이 있는지, 어떤 일을 할 때 즐거운지를 확실히 알고 나답게 살 때 진정으로 행복감을 느끼게 됩니다. 자존감은 나를 세워주는 기둥과 같습니다. 어느 순간이든 흔들리지 않는 내 삶을 살기 위해 자아존중감을 높여야 하며 내가 즐길 수 있는 어떤 일을 찾아야 합니다. 엄마가 똑바로 서면 가정이 바로 서게 됩니다. 가정이 바로 서면 사회와 국가에 좋은 영향을 미치게 될 것입니다. 엄마들의 자존감부터 높여야 합니다.

둘째 '확실한 인생목표를 세우고 매진하라'

이은아 코치는 전업맘으로 살다가 코칭에 입문하여 최단기간에 국제코치가 되었습니다. 김상임 코치는 기업에서 맹활약하며 임원의 자리에까지 올라갔다가 어느 날 갑자기 퇴임을 통보받고 좌절이 아닌 새로운 도전장을 내걸며 2년 만에 국제코치가 되었습니다. 이들이 국제코치로서 인생 이모작을 멋지게 꾸려나가게 된 것은 확실한 인생의 목표를 잡았기 때문입니다. 갈 방향이 확실하니 선택과 집중을 하고 성과를 만들어 내는 것은 당연합니다. 지금 여러분의 상황이 어떻든 상관없습니다. 지금부터 자신의 인생의 목표를 명확히 잡아 보길 바랍니다. 그 목표달성을 위해 매진하다보면 인생의 군더더기가 사라지게 됩니다. 임팩트 있는 삶 속에서 확실한 성공의 기쁨을 맛보게 될 것입니다.

셋째 '여성 특유의 감성리더십을 발휘하라'

회사에서 일하는 워킹맘이든 가정을 꾸려야 하는 전업맘이든 리더십이 필요합니다. 다양한 사람들과의 관계 형성이 필요하며 성과를 만들어 내는 사람이 리더입니다. 21세기는 불확실한 예측불가의 시대입니다. 이럴 때 리더에게 필요한 것은 마음을 사로잡는 기술입니다. 워킹맘으로서 당신은 어떤 리더십을 발휘하고 있는가? 전업맘으로서 당신은 어떤 리더십을 발휘하고 있는가? 두 저자는 사람의 마음을 사로잡는 감성적이고 진정성있는 마음이 중요하다고 자신있게 말합니다. 진심으로 변화하고자 하는 마음이 있다면 변혁적인 결과를 일구어낼 수 있습니다. 내 안에 잠자크 있는 "여성리더십"을 발견하게 될 것입니다.

넷째 '정말 좋아하는 일을 찾아 도전하자'

100세 시대입니다. 워킹맘, 퇴직하고 나서 어떤 삶을 살 것인가? 전업맘, 자녀들이 성장하고 엄마의 손길이 필요 없을 때 나는 무엇을 할 것인가? 생각해 볼 일입니다. 우리는 자신의 존재감을 찾지 못할 때 행복하지 않습니다. 각자의 강점을 파악하고 정말 하고 싶은 일이 무엇인지 찾아보아야 합니다. 그리고 도전해 봅시다. 길이 없는 것이 아니라 길을 찾지 않았을 뿐입니다. 대한민국 모든 엄마들에게 '희망과 행복은 우리 안에 있다'는 것을 다시 한번 강조해 봅니다.

이 책을 통해 대한민국의 엄마들이 온전히 자신을 찾고 무한한 잠재성을 이끌어내어 희망찬 미래를 디자인하고 도전하길 바랍니다.
워킹맘! 전업맘! 예비맘! 대한민국의 모든 엄마를 응원합니다.

02

전업맘,
가슴 뛰는
꿈부터 만나라

1

워킹맘,
카멜레온처럼 지혜로운
리더십을 발휘하라

2014년 11월 (사)여성·문화네트워크가 '워킹맘 고통지수'를 발표했다. 여성가족부 후원으로 3년간 3,000명의 워킹맘을 대상으로 조사하였다고 한다. 그 결과 '5세 이하 자녀를 둔 30대 정규직 워킹맘'이 가장 고통스러운 것으로 나타났다. 워킹맘들의 고충은 '일과 가정일의 병행 자체가 힘들다' '일·가정 양립으로 몸이 축나는 것을 느낀다' '퇴근 후에도 집에서 쉴 수가 없다' '회사에서 눈치가 보여 개인 휴가를 쓰기 불편하다' '둘이 벌어도 가정경제는 나아지지 않는다' 등이었다고 한다.

주부의 일과 회사생활을 병행하는 워킴맘이라면 누구든 이런 고민에 빠질 것이다. 물리적으로 피할 수 없는 과제들이 매일매일 산더미처럼 떠밀려오는 것이 현실이다. 참고 또 견디다가 결국에는 육아에 전념하겠다며 사표를 던지고 가정으로 돌아가는 후배들도 많다. 과거처럼 '무조건 참아라' '무슨 방법이 있을 거다' 말려도 보지만 너무 지치다보니 에너지가 고갈되어 더 이상 유지하기 힘들다고 말한다.

대학교를 졸업하고 엄청난 경쟁률을 뚫고 입사한 후배들이 대리 승진에 이어 과장으로 승진하면서 결혼을 하게 되고, 한참 일할 과장시절에 육아라는 과제가 추가되니 매우 부담스러운 것은 사실이다. 하지만 너무 아깝다는 생각이 든다. 입사해서 대리, 과장이 되기까지 많은 자원을 투자해서 역량을 키우기 마련이다. 중도에 퇴직을 하면 회사로서는 인재육성에서 많은 손실을 가져오게 된다.

엄마의 자기혁명

개인적으로도 그렇지 않은가. 힘든 고비를 다 넘기고 과장이 되어 이제 일할 만한 시점에 육아다, 맞벌이다, 스트레스로 회사를 포기해야 하니 다방면으로 손해다. 국가적으로도 손실이다. 아주 큰 손실이다. 제도나 정책이 바뀌면 된다고 하지만 그것이 그렇게 쉽게 해결될 것은 아니다. 그러면 어떻게 해야 하는가? 한국에 워킹맘들과 하고 싶은 이야기도 많고 조언하고 싶은 이야기도 많다. 그에 앞서 그들을 위로해주고 싶은 마음이 더 크다.

나는 87년에 삼성그룹 공채로 입사했다. 이병철 회장님은 그 당시에 지금을 예견하신 듯하다. 21세기에는 여성리더가 필요하니 지금부터 채용해서 육성해야 미래 경영자로서 활동하게 된다며 전략적으로 여성인력을 뽑았던 시절이다. 당시에 대졸여사원은 아주 드물었고 결혼, 출산 후 회사를 다닌다는 것은 꿈도 꾸지 못하던 시절이었다. 당시 삼성에서는 입사 후 결혼, 출산도 허용해 줄 것이라는 약속도 해 주었다.

신입 여사원이 좌충우돌 사건사고도 많았다. 제일 큰 사건은 입사하던 해에 결혼을 발표한 거다. 시어머니가 삼재 운운하시면서 강행하시는 바람에 "어어" 하다 결혼을 하게 된 것이다. 회사가 뒤집어질 정도로 완전 난리가 났다. 그도 그럴 것이 첫 번째 케이스이고 그것도 신입사원이 그랬으니 회사에서는 황당하기도 했을 것이다.

퇴직을 권고 받았다. 버텼다. 계약직 사원으로 신분이 변경되기도 했다. 하지만 버티고 계속 다녔다. 그 이후 회사에는 결혼하는 여사원들이 제법 생겼다. 그런데 결혼 후 3년을 기다려도 출산 테이프를 끊어주는 사람이 없었다. 출산도 내가 테이프를 끊었다. 지금 생각해 보면 회사에선 내심 골칫거리 여사원이었을 것임에 틀림없다.

승진할 때마다 남성들의 볼멘소리가 마음을 아프게 했다. 일하는 것이 좋았다. 애는 시골에 맡기고 주말에만 보았다. 회사에서는 과장, 차장, 부장으로 승진하며 성장가도를 달리는 듯했지만 애들은 완전 뒷전이었다. 학교에 갈 수도 없고 학부모회, 입시설명회 등 기본적으로 엄마가 해야 하는 여러 가지 활동을 할 수 없는 환경이 가슴 아팠다. 이렇게 입사 23년차에 상무로 승진을 했다. 그리고 25년만에 퇴임했다.

큰 아들이 25살이니 내가 워킹맘으로 산 세월도 25년여이다. 되돌아보면 아무것도 아닌 듯 한데 그 당시에는 왜 그렇게 서글프고, 화나고, 힘들었을까? 코칭을 하면서 많은 생각을 정리하고 있다. 그때 내가 이런 것을 알았더라면 하는 후회감도 밀려온다. 그래서 이책을 쓰기로 했다. 지금도 마찬가지지만 워킹맘이란 단어도 없던 시절 결혼하고 회사를 다닌다는 것, 애를 낳고 다닌다는 것을 상상조차도 할 수 없었던 시절 어린 나이에 결혼을 하고 애를 낳으면서 겪었던 고충, 엄마로서 직장인으로서 부족함이 많았던 나의 삶을 소개하면서 후배 워킹맘들에게 작은 용기를 주고 싶다.

포기하지 말고 오뚝이처럼 살아남으라고 얘기해주고 싶다. 자녀가 성장하면 사회활동을 하는 엄마에게 느끼는 자부심을 느낄 수 있도록 해주고 싶다. 소소한 나의 이야기가 자칫 잘난 척이라 오해 받을 수도 있다. 하지만 진심으로 후배들에게 전하고 싶은 메시지를 담고 싶은 마음이다. 마음을 열고 하나하나 내 것으로 만들면서 더 단단한 워킹맘이 되어 행복한 가정을 만들어 가는 멋진 우리가 되었으면 하는 바람이다. 한국의 워킹맘이 진심으로 행복해 지는 그날까지 응원합니다. 지지합니다.

제 1 장

지혜로운 워킹맘,
나만의 육아전략을
세워라

- 엄마가 준 마음의 상처 엄마가 치유해 주어라
- 엄마는 행복을 주지만 아이들은 불행을 받는다
- 미래의 불안이 잔소리를 키운다
- 경청(傾聽)을 호소하다 지친 아이, 경청(敬聽)이 약이다
- 가족을 지키고 싶다면 질문하라
- 엄마 방목해줘서 고마워요
- 남편을 무조건 내편으로 만들어라

엄마가 준 마음의 상처
엄마가 치유해 주어라

나는 정말 멋모르고 결혼을 했다. 사회생활을 채 일 년도 하지 않은 상태에서 결혼했고 27살에 첫 애를 출산했다. 어느 날 갑자기 엄마가 된 것이다. 처음 임신을 모르고 건강검진을 했다. 많은 산부인과 의사들이 건강한 태아를 보장할 수 없다며 간접적으로 유산을 권유했다. 그때 얼마나 울었는지 모른다. 중절 수술은 좋은 병원에서 해야 한다기에 사람들이 추천해 준 병원에 예약을 하고 수술하러 갔다. 병원에서는 100% 확신할 수는 없지만 건강한 아이를 낳을 수도 있다며 수술을 만류했다. 대신 나는 8개월간 무척 가슴을 졸였다.

결혼할 때도 회사가 뒤집어질 정도로 핫이슈였는데 출산은 더욱 그랬다. 그래서 더 철저하게 나를 관리하고자 했는지도 모른다. 임신하면 졸음이 온다느니, 낮잠을 자야 한다느니 하는 말은 나에게 사치였다. 출근해서 퇴근할 때까지 정신줄을 놓지 않고 더 집중해서 업무를 했다. 당시 주 업무가 광파일 시스템 관리였다. 서류를 전자파일로 스캐닝해서 보관하는 업무였다. 전자파가 태아에게 나쁜 영향을 미칠 것 같은 생각에 걱정거리가 늘어났다. 신문을 덮고 또 덮어도 세어 나오는 전자파를 차단할 수 없을 것 같았다. 많은 걱정 속에 잉태한 그 순간부터 출산하는 날까지 매일 건강한 아이를 출산하게 해달라고 간절히 기도했다. 출산하는 날 아이가 정상인지를 묻고 실신한 기억이 있다. 다행히 아이는 건강했다.

그런데 아이를 낳고 보니 문제는 출산이 아니라 육아였다. 내가 택한 전략은 시어머니에게 조르기 작전이었다. 처음에는 아주 당황하는 기색이셨다. 우리는 맞벌이를 하고 싶다고 말씀드리고 계속 간곡히 부탁드렸다. 솔직히 '저는 애를 키울 자신이 없습니다'라며 엄살을 떨었다. 실제 그랬다. 아이를 가까이 한 적도 없고 워낙 활동적인 성향이 강한 나는 하루종일 집에서 애만 키우고 남편을 기다리면서 산다는 것을 상상할 수도 없었다.

시댁은 시아버지가 8대 독자로 자손이 아주 귀한 집안이었다. 아들을 출산한 둘째 며느리가 기특해 보이셨을 것이다. 몇 번을 부탁드렸다. 너무 뻔뻔스럽게 부탁을 드리니 나중에는 어쩔 수 없다는 듯이 애를 봐주시겠다고 했다. 3주간의 출산휴가를 마치는 날 파주에 있는 시댁에 애를 떼어놓고 오면서 가슴이 쓰라리고 눈물이 한없이 줄줄 흘렀다. 자꾸만 애가 눈에 밟혔다.

슬픈 감정에 빠진 것도 잠시 출산휴가를 마치고 회사에 다시 출근하면서 전쟁은 시작되었다. 새벽에 남편과 밥을 챙겨먹고 달음질치며 출근했다. 업무 숙련도도 낮은 신입이라 남들보다 더 많은 시간이 필요한 시절이었다. 주중에는 회사 일에 녹초가 되고 주말이면 육아에 필요한 의·식·주 용품을 바리바리 싸들고 시댁으로 달려가는 생활을 이어갔다.

몸이 고단할 땐 '내가 지금 뭐하는 건가' 하는 회의감이 들기도 했다. 나에겐 주말이 더 힘든 시간이었다. 자식을 시어머니에게 맡겨놓은 이상 자유로울 수 없었다. 잘 보여야 우리 아들에게 잘 해 주실거라는 생각, 애를 본다는 것이 육체적으로도 너무 힘든 일임을 알기에 보상을 해 드려야 한다는 생각, 가능하면 좋은 먹거리를 애한테 만들어 주어야 한다는 생각 등으로 심신을 혹사하면서 주말을 보내야만 했다.

휴식이 없다보니 신경이 예민해지는 일이 잦아졌다. 칭얼대는 아들을 받아줄 수 없었고 너무 당당하게 며느리 역할을 강조하는 시댁에 가끔 화가 나기도 했다. 괜스레 화살이 남편에게 가기 일쑤였다. 아직 세상물정을 모르는 내가 참아내기 힘든 순간들이 늘어났다. 그러면서 그 어린 불쌍한 아들에게 화를 내고 감정을 노출하는 횟수가 늘어갔다. 치닫는 스트레스를 감당할 수 없을 때는 심하게 야단치고 가끔 체벌을 가하기도 했다.

이성을 잃었다는 표현이 맞을지도 모르겠다. 참다 참다 어느 순간에 폭발하는 나를 제어할 수 없는 순간들이 자꾸 늘어났다. 어린 아들에게 화풀이를 해댔다. 그러면서 회사는 회사대로 업무가 산더미처럼 쌓여갔다. 야근도 잦아졌다. 정말 힘들었고 신경이 날카로워져 가까운 사람들에게 자주 히스테리를 부렸다. 사면초가의 상황이 이어졌다.

1992년 하반기에 둘째 딸을 출산하기에 앞서 퇴직을 결심했다. 사표를 썼다. 여성인력에 대한 시각이 개선된 걸까, 내 업무를 대체할 사람이 마땅히 없어서일까 과장이 퇴직을 만류하면서 일단 출산휴가를 다녀오라고 했다. 내심 좋아라 하면서 휴가를 내고 둘째 딸을 출산했다. 시어머니가 첫애를 보면서 너무 힘드셨던지 둘째부터는 직접 키우라고 귀에 딱지가 붙도록 얘기한 터라 육아를 위해선 퇴직을 해야 했다.

사표 처리가 안되었다는 말을 들으시고는 "그렇게 회사에 미련이 많냐?"며 당분간 둘째인 딸도 맡아 키워주신다고 했다. 나의 간절함이 통한 것일까. 내 귀를 의심했다. 시어머니는 집에서 애만 키우면서 사실 분은 아니었다. 활동력이 강하고 작지만 사업을 하고 계신 상황이었다. 마음속에서 갈등이 일기 시작했다. 다람쥐 쳇바퀴 돌리듯 숨도 쉴 수 없을 정도로 뛰어다녀야 하는 주말을 보내기가 겁났다. 2년 동안 아들 녀석을 맡기고 서울에서 파주로 뛰어다닌 순간들이 주마등처럼 지나갔다. 그런 삶을 또다시 시작하고 싶지 않았다.

이젠 '내 자식은 내가 키워야 한다'고 다짐을 했다. 그러면서 여러

모로 '좋은 방법이 없는 것일까' 고민한 끝에 아이들을 위해 나를 양보하자는 결심을 하게 되었다. 시부모님께 '주중 합가'를 제안한 것이다. 그 방법이 회사를 포기하지 않고 애들과 최대한 안정적으로 생활할 수 있는 방안이라 생각했다. 남편과 친정엄마를 제외하고 다들 폭탄을 들고 불구덩이에 들어가는 무모한 짓이라며 나를 말렸다.

그 후 2년을 파주와 서울을 오가면서 아이들을 봐주시는 시부모님께 미안한 마음이 들었다. 그래서 아예 합가를 하자고 했다. 애를 봐주시니 돌아가실 때까지 모시겠다고도 했다. 갈등의 시작인지도 모르고 그렇게 시부모님과 합가를 하게 되었다. 그땐 진짜 용감했다. 하지만 합가를 하니 늘어나는 손님들, 집안 대소사가 둘째 며느리인 내게 모두 떠맡겨지는 순간이 늘어났다. 애들 과외나 학원문제에서도 사사건건 의견이 충돌했다. 지나치게 애들 공부에 욕심내는 며느리가 못마땅했던 것이다.

극도로 스트레스를 받으면서 제어하기 힘든 순간들이 많아졌다. 과장으로 승진한 터라 회사 업무도 만만치 않았다. 마음에 들지 않은 상황이 발생하면 참기보다는 봇물처럼 터져 나오는 독설을 퍼부었다. 모든 화살이 남편과 어린 아들, 딸에게 꽂혔다. 가끔은 시부모에게도 표독의 화살을 쏘아 대곤 했다. 그때는 내가 무슨 짓을 하고 있는지 몰랐다. 그저 나의 입장에서 감정을 처리하는데 급급했다.

2011년 말에 퇴임을 하고 도형심리를 배웠다. 동그라미, 네모, 세모, 에스 도형을 그리게 한 다음 현재의 심리건강도를 점검하는 것이다. 임상을 위해 청소년, 엄마, 기업체 관계자 등을 검사해주면서 아주 놀라운 사실을 알았다. 모두들 사람으로 인한 상처가 있었다. 어릴 적에 받은 상처가 평생 기억되고 자라면서 그것이 트라우마가 된다는 것을 알게 되었다. 그동안 어린 아들, 딸에게 표독스럽게 쏟아내고 감정적으로 대했던 언행이 후회되며 내 가슴을 쓰리게 했다. 엄마로 인해 만들어진 공포스러운 집안 분위기가 그들에게 어떤 영향을 미쳤을까?

그들의 마음속에 어떤 어두운 그림자가 있다면 그것은 미숙한 엄마의 언행 때문이라는 것을 확신하게 되었다. 나를 반추해 보았다. 나에게는 어린 시절 친정부모님의 심한 갈등장면이 마음속 깊숙이 자리 잡고 있었다. 아주 생생하게 말이다. 뭐든지 빨리빨리 하고 욕심이 지나치게 많은 것은 아마도 어린 시절 나도 모르게 상처를 받아 키워온 열등감이 작동하는 것이라는 생각이 든다. 아들, 딸에게 죄책감까지 올라왔다.

내 아이들에게는 엄마로 인한 마음의 상처가 자리하고 있을 것이 분명했다. 지금은 23, 25살 대학생이 된 아들, 딸이 조금이라도 위축된 모습이 보이면 혹시 엄마에게 받은 상처가 트라우마로 자리 잡고 있는 것 아닌가 걱정이 앞서 직접 물어보기도 했다. "아들아, 딸아 어릴 적에 엄마의 말이나 행동으로 인해서 마음의 상처를 입은 기억이 있니?" 아들은 무덤덤하게 없다고 했지만 분명히 있을 것이다. 딸은 잠시 생각에 잠기더니 말을 하기 시작했다. "유치원 다닐 때, 엄마가 친구들이 많이 있는 앞에서 왜 발표를 하지 않느냐며 야단을 친 일이 있는데 지금도 선명하게 기억이 나. 그때 엄청 창피하고 엄마가 미웠어."라고 했다.

진심을 다해서 사과를 했다. "주현아 정말 미안하다. 그땐 엄마가 미숙한 엄마라 그랬던 것 같아, 정말 미안해." 딸은 말한다. "엄마 그래도 아직 이렇게 생생히 기억나는 걸 보면 지워지진 않을 것 같네." 일단 한번 나온 말은 주워 담을 수 없다. 한번 누군가에게 상처를 주게 되면 완전하게 치유할 수 없다는 것이다. 깊은 상처를 연고로 옅게 할 수는 있지만 흉터는 지울 수 없는 것처럼 그 흉터를 메꾸기 위해서는 꽤나 많은 노력이 필요해 보인다.

마음의 상처를 치유해 주는 엄마의 지혜

1. 일단 직접적으로 물어본다.
   "혹시 지금까지 살아오면서 엄마로 인해 상처를 받은 기억이 있니?"

2. 자녀가 얘기를 하면 온 힘을 다해 집중해서 들어주면서 맞장구를 쳐주고 인정한다.
   "아 그런 일이 있었구나. 엄마도 어렴풋이 기억이 나는데 그때 그렇게 마음이 안 좋았구나. 정말 속상하고 엄마에게 화가 많이 났을 것 같네."

3. 감정을 알아주면 더 깊은 이야기를 하게 된다.
   "그것 말고도 많아, 초등학교 때도 엄마는 나에게 상처를 주는 말을 했었어."

4. 인정하고 진심으로 사과를 한다.
   "아 그랬구나. 엄마가 그땐 왜 그랬는지 몰라. 마음을 아프게 해서 정말 미안하다. 엄마 사과 받아줄 수 있을까?"

5. 자녀와 가끔 이런 대화를 해본다.

마음의 상처, 트라우마는 좀처럼 치유되기 힘들다고 한다. 얘기하지 않고 가슴에 담아두면 계속 그 상처가 더 깊어지기 마련이다. 상처를 꺼내어 대화를 하는 것만으로도 가슴이 후련해진다. 내 자녀에게 혹시 엄마의 말로 상처를 입힌 적이 있다면 그 상처가 더 자라기 전에 대화로 조금씩 치유의 손길을 주는 것은 어떨까.

엄마는 행복을 주지만
아이들은 불행을 받는다

2014년 11월 보건복지부에서 청소년과 아동의 삶의 만족도 조사 결과를 발표했다. '2013년 한국 아동 종합 실태조사'에 따르면 한국 아동의 삶의 만족도는 100점 만점에 60.3점으로 OECD 회원국 가운데 최하위라고 한다. 네덜란드가 94.2점으로 가장 높았다. 우리보다 한 단계 위인 루마니아도 76.6점으로 16점 이상 차이가 났다. 9~11세 아동의 스트레스 수치는 4점 만점에 2.02점, 12~17세는 2.16점으로 5년 전 1.82점, 2.14점 보다 상승했다. 우리나라 아동들은 숙제, 시험 성적 등 학업 문제가 스트레스의 주원인이라고 한다.

이 기사를 접하고 보니 초보 워킹맘 시절 그러니까 애들이 유치원에서 중학교 다닐 때까지 엄마의 욕심 때문에 받았을 스트레스를 생각하면 쥐구멍을 찾고 싶은 심정이다. 나는 그때 아이들은 자신의

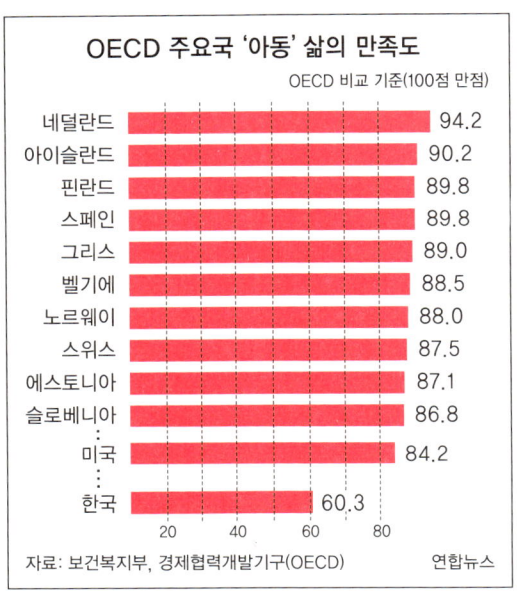

OECD 주요국 '아동' 삶의 만족도

OECD 비교 기준(100점 만점)

국가	만족도
네덜란드	94.2
아이슬란드	90.2
핀란드	89.8
스페인	89.8
그리스	89.0
벨기에	88.5
노르웨이	88.0
스위스	87.5
에스토니아	87.1
슬로베니아	86.8
미국	84.2
한국	60.3

자료: 보건복지부, 경제협력개발기구(OECD)　　연합뉴스

미래를 생각할 수 없다고 단언했다. 아이의 학업을 관리하는 것은 부모로서 최소한의 책임이라 생각했다. 어쩌다 다른 학부모를 만나거나 선생님들을 만나면 불안증이 올라오곤 했다. 내 뱃속에서 나왔다는 이유로 내 소유물처럼 취급했다. 하나의 존엄한 존재임에도 엄마 마음대로 디자인하면서 아이들에게 스트레스의 옷을 자꾸 덧입혀 주었다. 애들의 행복은 내가 책임진다는 생각으로 취미든, 공부든, 여행이든 모든 것을 진두지휘하면서 이끌었다. 종합선물세트 주듯이 방과후에는 학원으로 돌리고 주말이면 과외선생님을 오게 하며 애들의 생각은 들어볼 생각조차 못했다.

워킹맘은 학교나 학원정보가 제한적이다. 나 또한 그랬다. 우리 애만 뒤처지는 것 같고 엄마가 집에서 돌보지 못하니 과외로 충당해야 된다는 생각으로 애들을 로봇처럼 이리저리 순회시키곤 했다. 나의 아들, 딸은 엄마의 욕심 때문에 중고생 시절까지 삶의 만족도가 매우 낮았을 것이다. 아들은 초등학교 다닐 때 심한 스트레스로 인한 장염으로 결석을 자주 했다. 그럴 때마다 "아니 학교 다니는게 뭐가 힘들다고 스트레스야, 어린 녀석이 괜히 꽤 부리는 거지."라고 핀잔을 주곤했다. 참 말도 안되는 엄마의 멘트였다. 해맑았던 딸의 얼굴에 미소가 사라지면서 방문이 꼭꼭 닫히는 순간도 늘어났다.

관찰력이 부족했던 엄마여서 그랬을까. 애들의 심정을 조금도 살피지 못했다. 엄마가 생각하는 대로 움직여 주지 않으면 혈압을 올리곤 했다. 아들녀석은 고등학교 입학하자마자 수학선생님과 갈등이 심해지면서 자퇴를 했다. 그리고 뜬금없이 미국유학을 가겠다고 선포했다. 영어수준이 안되어 힘들거라고 예단했지만 일단 수속을 밟았다. 혼자 가서 인터뷰하고 승인을 받아서 도망가듯이 미국으로 갔다. 아마 엄마로 인한 스트레스도 겹쳐졌을 것이다. 퇴근해서 코미디나 오락 프로그램을 보면서 박장대소 하는 남편과 딸을 보면 한심하다는 생각이 들기도 했다. 시간이 아깝다며, 엄마는 시간을 황금처럼 생각한다며 은근슬쩍 압박 멘트로 잔소리를 이어가곤 했다.

2007년에 회사에서 리더십 교육을 받으면서 코칭이라는 것을 알게 되었다. 코칭철학은 이렇다. 모든 인간은 존엄한 존재이고 유일하다. 무한한 잠재가능성을 가진 존재다. 스스로 하고자 하는 마음이 없으면 성공으로 가기 힘들다. 코칭엔 잘 들어주는 경청, 강력한 질문, 인정·칭찬·피드백 기술이 필요하다. 너무나 치열하게 앞만 보고 달려온 내 인생을 되돌아보니 완전히 거꾸로 산 것 같았다. 아이들에게 행복을 주고 싶은 마음에 행했던 많은 행동들은 오히려 아이들을 불행하게 했던 것 같다. 아이들이 자라는 20년간 집에서는 천상천하 유아독존형 엄마로, 회사에서는 독선적인 리더로 생활해온 나에게 코칭은 신선한 충격으로 다가왔다. 너무나 늦어버린 깨침의 순간이었다. 애들 가슴속의 응어리들이 마구 떠올랐다.

2008년부터 절박한 심정으로 회사에서도 가정에서도 코칭을 접목하기 시작했다. 이미 늦었다 싶었지만 그래도 안하는 것보다는 나을 것이라며 스스로 위로하면서 말이다. 미국에 있는 아들 녀석과 채팅하면서 자꾸 질문하고 인정, 칭찬하면서 온라인으로 마음의 간격을 줄여나갔다. 아들은 한국에 있을 땐 엄마와 말 한마디 섞는 것조차도 힘들어했다. 그런데 질문의 힘은 정말 강력했다. 질문을 하면 아들은 기발한 대답을 하곤 했다. 어른스럽고 대견스러운 순간들이 많았다. 그것이 코칭이었다. 내가 단정하고 규정한 아들과 스스로 얘기하는 아들은 완전히 다른 애였다. 딸의 예민한 감정도 읽어주기 시작했다. 있는 그대로 봐주기 시작했다. 대화를 나눌 때는 마침표를 주로 찍었던 내가 물음표를 찍는 엄마로 변하기 시작했다. 그러면서 딸애가 자신의 얘기를 터놓기 시작했고 얼굴도 밝아지는 모습을 보였다.

요즘엔 워킹맘 후배들이 과도하게 애들을 학원으로 과외로 몰아치는 상황을 보면 그대로 못 넘어간다. 엄마들 대상으로 강의할 때도 엄마의 대리만족이나 행복은 아이들에게 불행을 가져다 준다고 강조 또 강조한다. 실제 엄마가 아이의 인생을 마음대로 디자인해서 학원으로, 과외로 마구 돌리다 보면 그들은 '무언(無言)의 아이'로 성장하게 된다. 모두가 아이를 위한 것 아닌가? 중간에 한 단계만 추가하면 상황은 훨씬 달라진다. 무언가를 하기 전에 아이의 의사부터 물어보자. 질문이라는 것은 그 사람에게 답이 있다고 믿는데서 시작된다.

코칭하면서 만난 학생들이나 청소년들은 모두가 자신의 잠재성을 가지고 있었다. 그런데 펼치지 못하고 그저 수동적으로 사는 친구들이 많았다. 왜냐하면 어릴 적부터 그렇게 훈련되어 왔기 때문이다. 우리 애들에게는 질문을 던져주는 어른들이 절실히 필요하다. 엄마의 질문으로 애들의 마음속 얘기를 토로하게 해보면 좋겠다. "공부했어?" "학원이 갔다 왔어?"처럼 엄마를 위한 질문이 아니라 "네가 정말 해보고 싶은 것은 뭐야?" "뭘 할 때 즐겁니?" "나중에 커서 어떤 일을 하고 싶어?"와 같은 질문을 하자. 그들이 답을 찾아낼 수 있는 질문으로 애들이 스스로 행복의 비책을 찾을 수 있도록 도와주면 좋겠다. 하고 싶은 것을 맘껏 할 수 있도록 엄마의 욕심을 내려놓고 영향력 있는 질문을 하는 엄마로 변신해 보자.

자녀의 강점을 찾아 하고 싶을 일을 찾도록 도와주는 질문

1. 지금까지 살면서 자랑스러웠던 순간 또는 자부심을 느꼈던 순간은 언제 인가?

2. 스스로 강점 세 가지를 말한다면 무엇인가?

3. 엄마아빠에게 어떤 자식이고 싶은가?

4. 가족은 너에게 어떤 의미인가?

5. 어떤 것을 할 때 즐거우니?

6. 이다음에 커서 어떤 일을 하고 싶니?

7. 네가 이루고 싶은 꿈은 뭐니?

8. 그 꿈을 이루기 위해서 지금부터 무엇을 해야 할까? 5가지 이상 생각해 보자.

9. 네가 존경하는 사람은 누구니? 왜?

10. 스스로에게 칭찬한마디 한다면 뭐라 하고 싶니?

엄마의 자기혁명

미래의 불안이 잔소리를 키운다

프랑스의 약사이면서 심리학자인 에밀쿠에(Emile Coue)는 "어떤 일이 일어날지 알 수 없을 때는 언제나 즐겁고 감사한 일만 일어난다고 생각하라! 의지보다 상상력이 우선한다."라는 말을 했다. 그는 약사 시절에 환자가 아무런 약효도 없는 약을 사가지고 가서 완치되었다는 말을 듣고 '상상력은 어떤 생각이나 의식보다 강하며, 상상력을 가미한 반복적인 암시는 몸과 마음까지도 변화시킨다'는 생각으로 '자기암시'를 창시하기도 했다. 상상을 하면 이루게 된다는 말이 있다.

아이들이 유치원에 들어갔다. 같은 아파트에 사는 아줌마들의 얘기 들으면서 머리가 지끈거렸다. 뭘 그렇게 하는 것이 많은지 하고 싶어도 할 수 없는 활동들이 많았다. 수영, 스케이트, 농구 등 학원에서 할 수 없는 활동을 엄마들이 품앗이 형태로 팀을 짜서 하는 것들이었다. 직장에 메여있는 나로서는 엄두도 낼 수 없는 활동이었다. 우리 애들만 뒤처지고 있다는 생각이 들었다. 고민 고민하다가 사립초등학교에 입학시켰다. 단독주택으로 이사를 하면서까지 극성을 부렸다. 공립과는 다르게 애들을 더 잘 케어해 줄 것이라는 믿음이 있었다. 감사하게도 선생님들은 맞벌이하면서 바삐 사는 엄마 입장을 충분히 이해해 주었다.

같은 입장에 있는 여자선생님들은 워킹맘이 안고 있는 고충을 직간접적으로 배려해 주셨다. 그러나 문제는 그것이 아니었다. 사립학교 엄마들의 학구열, 자녀에 대한 열정은 가히 감탄사가 나올 정도였다. 시간 여유가 없는 워킹맘은 명함도 내밀 수 없는 활동을 엄마들이 주도했다. 내성적인 아들은 별 말이 없었지만 외향적인 딸은 "엄마 나 지민이랑 발레 하고 싶어, 연극 배우러 다니고 싶어." 등 종종 회사에 있는 나에게 전화를 걸어 물어보았다. 엄마들이 해야할 역할이 있어 함께 할 수 없음을 확인하고 살짝 짜증도 냈다. 애들에게 미안하기도 했다. '퇴직을 하고 아이들을 도와주어야 하는 거아닌가' 하는 불안한 마음도 생겼다. 돈이 아니라 엄마로서의 시간이 필요했다. 비교하면서 불행해진다는 말처럼 내가 딱 그랬다.

1999년 5월 아들의 담임선생님으로부터 전화가 왔다. 애가 등교를 하지 않았다는 것이다. 분명 아침에 가방 챙기고 등교준비를 했는데 말이다. 집으로 전화를 했더니 시어머니께서 애가 배가 아프다고 해서 학교에 보내지 않으셨다고 했다. 화가 났다. '배가 아프다고 학교를 안보내시면 어떻게 하냐'며 볼멘소리를 하고 전화를 끊었다. 워낙 근면성실, 약속준수를 철칙으로 알고 있는 엄마 입장에서는 배가 아프다고 등교를 안 한 것을 이해할 수 없었다. 퇴근하고 아들을 달달 볶아가며 잔소리를 했다. 그 어린 애에게 말이다.

그러고 나서 며칠 후에 선생님에게 같은 내용의 전화를 또 받았다. 집에 전화를 해보니 학교에 갔다고 했다. 애가 학교를 간다고 나갔는데 학교에 가지 않았다고 하니 집에선 난리가 났다. 회사에 조퇴 신청을 하고 집으로 달려갔다. 아이는 집에도 학교에도 없었다. 불안한 마음이 몰려왔다. 며칠 전에 결석한 것을 야단친 엄마 때문일까? 온갖 걱정을 하면서 학교 주변을 찾아 헤맸다. 그러다 놀이터에 쭈그리고 있는 아들이 보였다. 눈물이 왈칵 쏟아지면서 아들을 끌어안고 울음을 터트렸다. 엉덩이를 마구 때린 기억이 있다. 그러고 보니 아이 얼굴이 창백해 보이고 어딘가 아파보였다.

한의원에 데려갔더니 스트레스가 많고 허약체질이니 조심하라고 했다. 그때 정말 무서운 얘기를 들었다. 스트레스가 계속되면 아이가 미칠 수도 있다고 했다. 집에 돌아와서 아들 손을 잡고 학원, 과외 중에서 하고 싶은게 뭐냐고 물었다. 태권도하고 수학만 하고 싶다고 했다. 과감히 바이올린, 피아노, 영어, 과학과외를 끊어버렸다. 엄마의 쓸데없는 욕심과 다른 애들과의 비교로 자꾸만 커져가는 불안 때문에 애를 잡겠다 싶은 생각이 들었다. 아이는 업무 성취력이 높고 추진력이 강한 워킹맘의 아들로 사는 게 정말 힘들었을 것이다. 학원을 끊고나서 얼굴이 밝아지고 배앓이도 자연스럽게 치유되었다.

아마도 아들은 자신이 하고 싶은 것을 했다면 스트레스가 생기지 않았을 것이다. 게임할 때처럼 말이다. 적은 개입으로 아이들이 자발적으로 공부할 수 있도록 엄마가 도와주면 좋겠다. 엄마의 선택이 최선이 아닌 경우가 많다. 최선의 선택은 본인이 하는 것이 아닐까 싶다.

그후 아들이 청운중학교에 입학을 했다. 학교에 쫓아다니지 못한 미안함은 언제나 나를 심적으로 눌렀다. 아들이 1학년 1학기 성적표를 가져왔다. 전교 159등. 초등학교에서도 공부를 잘했고 머리도 비상한 녀석인데 실망이 이만저만이 아니었다. 다시금 아들의 미래에 대한 불안이 나를 급습했다. '중학교 성적도 중요한데 어쩌나' 그러면서 엄마의 독설이 아들에게 가해졌다. "아들, 대학교까지 학비가 1억 2천만원정도 된단다. 엄마가 그 돈을 줄 테니 차라리 장사를 하는 게 낫겠다. 159등이라니 그 등수로 서울 안에 있는 4년제는 꿈도 못 꾼다. 도대체 어떻게 그럴 수 있니?" 아들은 멀뚱거리며 통통거리는 엄마를 바라볼 뿐이었다. 대꾸 안하는 아들을 보니 더 화가 치밀었다. 학원에 더 다녀야 한다고 강하게 얘기했다.

아들은 이렇게 반박했다. "엄마 나는 학원에 가면 성적이 더 떨어져요. 혼자서 공부하는 게 좋아요." 순간 머리에서 협상이라는 단어가 떠올랐다. 협상은 주는 게 있으면 그에 응당하는 뭔가를 받아내야 한다. "그러면 아들, 네가 학원에 다니지 않고도 성적을 더 올릴 수 있다는 거야?" "어." "그럼 엄마가 제안 하나 할게. 네가 학원에 안다니면서 학교성적을 평균 90점 이상으로 올리면 매달 나가는 학원비의 절반을 네 통장에 넣어줄게, 어때?"

아들은 흔쾌히 수락했다. 아들은 혼자 공부하면서 약속한 성적을 유지했고 나는 통장에 매달 약속한 돈 50만원을 입금해 주었다. 경제관념이 강했던 아들 녀석은 꿍먹고 알먹고 열심히 혼자만의 학습방법으로 공부했다. 이후 미국으로 유학 가서 어려운 상황이 많았을 텐데 혼자서 독립적으로 잘 해 나갔다. 자발적이고 독립적으로 생각하고 계획하고 실행할 수 있는 기회를 자꾸 만들어 준 덕분이 아니었을까 싶다.

CJ그룹 부장시절에 신입사원에게 압구정에 회식장소 한번 물색해보라고 했다. 그 신입이 제일 먼저 한 행동은 엄마에게 전화를 건 거였다. '부장님이 회식장소 알아보라는데 엄마, 압구정에 어디가 좋아?' 실제 있었던 일이다. 생텍쥐페리는 '당신이 배를 만들고 싶다면 인부들에게 꼼꼼히 일을 지시하는 것보다 저 넓고 끝없는 바다에 대한 동경심을 키워줘라'고 했다. 우리들은 배를 만드는 방법을 세밀하게 개입해서 애들에게 알려주는 경우가 많다.

아이들은 자신의 일을 스스로 하기 보다는 엄마에게 의존하는 비율이 높다. 적당한 의존은 권하지만 지나친 의존은 사회생활이나 성인이 된 이후에도 의사 결정할 때마다 치명타로 작용하게 된다. 애

들을 못 믿기 때문에 엄마의 개입이 커지는 것이다. 그들의 미래를
무조건 안 좋은 방향으로 생각하니 불안한 마음이 생기는 것이다.
일단 믿어보자. 그리고 긍정의 미래를 상상하자. 그러면 애들의 삶
도 달리 보여지게 될 것이다. 엄마가 믿어주는 만큼 애들은 그 나래
를 펴게 될 것이다.

경청(傾聽)을 호소하다 지친 아이, 경청(敬聽)이 약이다

나는 제대로 듣는다는 것이 무엇인지 몰랐다. 어떻게 듣는 것이 경청인지 전혀 모르고 40여년을 살았다. 누군가의 얘기를 들으면서 내 머릿속으로는 반대이론을 만들었다. 맘에 들지 않는 얘기를 들으면 한심하다며 마음을 닫아버리기 일쑤였다. 엄마로서도 경청 점수는 완전 빵점이었다. 애들과 같이 하는 시간에는 온통 내 주장만을 강조했다.

　어린 나이에 엄마의 사랑이 그리웠을 시절에 난 참 냉랭한 엄마였다. 엄마 곁으로 다가와서 투정하는 애들을 너그럽게 받아주지 못했다. 투정을 부리면 두뇌부터 가동을 시켰다. 이성적이고 논리적으로만 애들을 대했다. "엄마 학원 다니는 거 힘들어. 안 다니면 안돼요?"라고 하면 그 힘든 기분과 마음을 들어주는 커녕 엄마인 나는 일장 연설을 했다. "학생이 뭐가 힘드냐. 엄마도 힘들다. 지금 이시간은 다시 오지 않는다. 열심히 공부해서 훌륭한 사람이 되어야 고생을 안 한다." 아이들의 이야기에, 감정에, 갈망에 귀 기울일지 못했던 시절이다.

사춘기를 겪는 중학교 시절에도 마찬가지였다. 감성적으로도 민감하고 예민한 시절이었음에도 엄마는 앉으나 서나 공부, 공부 뿐이었다. 전투력 가득한 엄마를 보면서 우리 애들은 차츰 방문을 닫기 시작했다. 그건 엄마와 소통을 하고 싶지 않다는 하나의 표식이었다. '방안에서 공부를 할 거야' 하는 생각보다는 뭔가 게임을 하거나 비생산적인 활동을 할 것이라는 전제를 깔고 과일이나 간식을 핑계로 들어가 확인을 하곤 했다. 엄마가 다가가면 갈수록 애들 방문은 더 굳건히 닫혔다. 자신들의 이야기를 들어주기 보다는 일단 마주하면 엄마의 잔소리를 들어야 하니 그 단초를 아예 만들려고 하지 않았던 필사의 노력이었던 것 같다. 빵점짜리 무늬만 엄마인 나는 내 역할을 하기 보다는 내 권리만 강조했던 것이다. 학교 급식을 위한 활동, 학부모 회의, 심지어 입학설명회도 제대로 가 본 적이 없다. 그래도 애들은 잘 적응해 주었다. 학교생활도 큰 탈 없이 잘 해 주었다.

애들이 초등학교에 들어가면서부터 방학이면 아시아권을 중심으로 가족여행을 떠났다. 반드시 내가 계획을 세워야 한다는 이상한 고집이 발동해서 매번 회사 프로젝트를 추진하듯 가족여행까지 마음껏 진두지휘했다. 아이들과 시간을 자주 갖지 못하니 강압적으로 여행이라도 가야 한다는 의무감이 더 컸는지도 모른다. 문제는 여행을 가서 즐기지 못하고 가족들에게 상처만 안겨주었다는 점이다. 또 회사일은 혼자 다하는 것처럼 여행지에서도 일을 놓지 못했다. 컴퓨터만 보면 메일을 확인하고 통화를 하느라 그 좋은 여행지에서 분위기를 깨기 일쑤였다. 여행을 수십 차례에 걸쳐 다녀왔지만 거의 매번 가족들의 마음을 불편하게 하는 행동을 했다. 기분 좋게 여행을 가서는 항상 혼자 바쁘고 화내고 짜증내면서 가족 누군가와 꼭 트러블을 만들었다. 참고 보듬고 배려하는 것은 언제나 아빠 몫으로 넘기면서 말이다. 참 대책없는 엄마였다.

직급이 올라가면서 갈수록 증세가 심해졌다. 집에서도 보스처럼 행동하는 경우도 많았다. 차장 시절엔 아들이 14살, 딸이 12살이었는데 늘 그랬지만 너무도 바쁜 시절이었다. 지금 생각해보면 덜 익은 리더였기 때문에 그리 바쁜 거였다. 모든 일을 부여잡고 진두지휘하려 하니 얼마나 우매한 리더였던가 하는 후회도 막급이다.

아이들은 아이들대로, 남편은 남편대로, 나는 나대로 바쁜 탓에 소원해지는 것을 느낀 내가 가족회의를 제안했다. 처음 하는 가족회의를 기다리며 설레기까지 했다.

"딸! 화이트보드에 먼저 회의할 안건을 정리하면 좋을 것 같아. 화이트보드 가져다 줄래."

"네, 엄마."

"아들! 노트에 회의 내용을 정리하면 좋을 것 같아."

"네……."

생각보다 활발하게 회의가 진행되었다. 안건은 엄마의 늦은 귀가, 아빠의 정적인 취미 활동, 아이들의 학습 태도 등이었다. 어색할 수도 있는 자리였지만 아빠가 부드럽게 잘 진행해 주었고 서로 어떻게 고쳐나갈 것인지 이야기하면서 즐거웠다. 안타깝게도 많은 문제가 엄마에게 있다는 결론이 나왔고 '엄마에 대한 여러 시정 조치'로 마무리되었다. 아이들은 가족회의라는 것을 경험하며 신기해 하고 즐거워했다. 문제는 그 다음이었다. 회의를 끝내려고 하는 순간 내가 찬물을 끼얹고 말았다.

"아들, 정리한 내용 말이야. 각자 무엇을 언제까지 해야 하는지 정리해서 가족 모두에게 메일로 보내. 그래야 실행을 잘 할 거 같아."

그 순간 완전히 빙하기에 온 것과 같은 냉랭한 분위기 느껴졌다. 아뿔싸! 남편과 애들 모두 해도 너무하네 하는 눈초리로 나를 쏘아보았다. 하지만 배는 이미 떠났다. 순둥이 같던 남편이 버럭 큰 소리를 냈다.

"아니, 여기가 회사도 아니고, 좋게 시작한 가족회의를 무슨 회사일 하듯이 해. 이게 뭐냐!"

남편은 앞으로 가족회의고 뭐고 하지 말자며 무섭게 화를 냈다. 나도 모르게 회사에서 부하에게 지시하는 습관이 그대로 표출된 것이다. 여과 장치도 없이 말이다.

"엄마 너무했어. 그냥 가족회의인데."

아이들도 실망하며 볼멘소리를 했다. 평소에도 나는 아니라고 하면서도 늘 집에서 회사 간부처럼 가족들에게 직간접적으로 마음의 상처를 주고 있는 나를 여실히 확인하게 되었다. 이후 조금씩 엄마로서 나라는 존재를 깊이 생각하면서 반성을 해보게 되었다.

워킹맘인 나는 가족에게 미안함도 있었지만 경제적으로 보탬을 준다는 당당함도 있어서일까 가족에게 강압적인 말과 행동이 불쑥불쑥 튀어나올 때가 많았다. 항상 내 말만 하고 가족들의 말과 감정에 귀 기울이지 못했다. 이유는 있었다. 바쁘다는 것. 가족들은 한없이 나에게 양보하고 이해해 주었지만 난 항상 내 입장에서만 생각하고 행동했다. 한 지붕에서 살고 있지만 전혀 다른 세상에 사는 사람처럼 엄마는 가족들에게 부담을 주는 존재로 자리 잡고 있었다. 어느 날 딸에게 엄마가 항상 늦어서 미안하다고 했더니 '괜찮아 엄마. 우리 집 행복은 엄마의 늦은 퇴근에 비례해' 하고 웃으며 답했다. 농담처럼 던진 말이지만 그게 진실이었다. 엄마의 퇴근은 경계경보 신호 같았던 것이다. 엄마는 포근한 사랑을 주는 사람이 아니라 공포를 주는 상사 같은 사람으로 자리매김하고 있었던 것이다.

들어주기만 해도 소통이 되는 것인데 나는 전혀 들으려 하지 않았다. 경청은 단순히 듣는데 그치는 것이 아니다. 상대가 하는 말과 몸말, 기분, 감정, 의미, 가치관 등을 온몸을 다해서 말하지 않는 것까지도 세세하게 들어야 한다. 경청은 존중의 시작점이다. 자녀의 말을 경청하지 않는다는 것은 결국 그들을 존중하지 않는다는 반증이다.

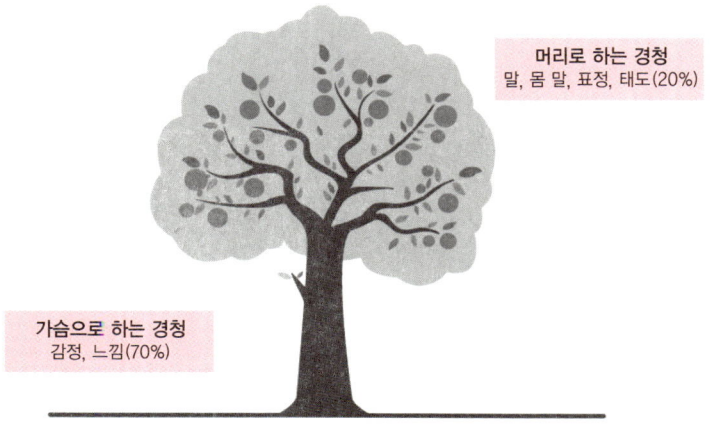

머리로 하는 경청
말, 몸 말, 표정, 태도(20%)

가슴으로 하는 경청
감정, 느낌(70%)

영혼으로 하는 경청
의도, 의미, 가치관(100%)

　우리 모두 경청의 수준을 한번 알아보자.

　빨간사과가 주렁주렁 달린 사과나무가 한그루 있다고 해보자. 제일 먼저 눈에 들어오는 것은 빨간 사과와 나뭇잎일 것이다. 경청에서 말과 몸말이 사과와 나뭇잎이라고 보면 된다. 다음으로 보이는 것이 나무 기둥과 나뭇가지다. 이것들은 사과 열매를 맺도록 영양분을 공급해주는 역할을 한다. 감정과 느낌이 여기에 속한다. 다음으로 보이지 않는 뿌리가 있다. 경청할 때 의도, 의미, 가치관을 나타낸다. 우리는 주로 말과 몸말을 듣는다. 20%이하의 경청수준이다. 감정이나 느낌을 듣고 알아주면 70%수준의 경청이다. 의도, 의미, 가치관을 들어주면 100%이상의 경청효과가 있다. 말과 몸말은 이

성적, 논리적인 경청이다. 감정과 느낌은 감성적인 경청이다. 숨은 의도나 의미, 가치관은 영혼으로 듣는 경청이다. 잘 들었다 하더라도 듣고서 가만히 있으면 안들은 거나 마찬가지다. 들은 것을 그들의 언어로 확인해가며 맞장구를 치면서 대화해야 더 깊이 있는 소통을 하게 된다.

경청을 잘하는 엄마의 사례를 하나 들어보겠다. "엄마, 나는 기자보다는 미술공부를 해서 디자이너가 되고 싶어. 수학, 과학책만 봐도 가슴이 벌렁거리고 두려움이 올라와. 미술공부하면서 미대준비하면 더 신바람날 거 같아. 엄마가 계속 과외선생님 붙여주고 학원도 보내주는데 공부하고 싶은 마음이 안 생겨. 엄마 나 미술공부하고 싶어. 그렇게 하면 안 되는 거야?" 이렇게 얘기하는 딸이 있다고 해 보자. 어떻게 말해주겠는가?

머리로만 듣는 사람은 '미술공부를 하고 싶다는 거지?' 이렇게 맞장구를 친다. 상대 감정선에 그다지 큰 동요를 주지 못한다. 왜냐하면 지극히 머리로만 듣고 맞장구를 치기 때문에 20% 이하의 경청만족도를 줄 수 있다. 가슴으로 듣는 사람은 '미술공부하고 싶은데 자꾸 수학 과학 공부만 하라고 하니 두렵고 불안한 마음이 올라온다는 거지. 미술을 하면 신바람 날 것 같다는 거지?' 이렇게 맞장구를 친다. 이 경우 70%의 경청만족도를 줄 수 있다. 감정을 읽어준 것이다. 상대는 울컥할 수 있고 더 깊은 곳에 있는 자신의 감정을 토로 하게 된다.

영혼으로 듣는 사람은 '아 그렇구나. 미술에 대한 열정이 대단하네. 그렇게 미술을 하고 싶은 거니?'라고 물으며 더 깊이 있는 대화를 하게 된다. 그야말로 영혼적인 대화를 나누게 되는 것이다. 어떤가? 우리의 경청 수준을 자녀의 입장에서 생각해 보고 반성해 봐야 한다. 경청의 중요성이나 이론에 대해서 너무 잘알고 있는데 경청이 어려운 것은 왜일까? 상대방의 말을 그 사람의 입장에서 듣기보다는 내 입장에서 해석하면서 듣기 때문이 아닐까 싶다.

『논어(論語)』 학이편(學而)에 '과즉물탄개(過則勿憚改)'라는 말이 나온다. 공자는 사람은 잘못을 하지 않을 수 없는데 잘못을 알고도 고치지 않는 것이 더 큰 허물이라고 하였다. 그래서 허물을 고치는 것을 꺼리지 말라고 일렀다. 엄마로서 마음의 여유가 없어서, 솔직히 말하면 몰랐기에 허물을 양산하며 살아왔다. 늦게나마 알게 된 나의 부족함을 용기 내어 고치고 보니 많은 변화가 생겼다. 시간과 노력이 필요했지만 그 과정 속에서 멈추지 않으면 희망은 있다는 사실도 확인했다.

엄마로서 역할과 책임을 잘 하고 싶다면 내 말보다는 자녀의 말과 감정, 가치관을 진심으로 듣고 아이들이 사용한 말로 요약해서 확인하는 질문을 해보자. 엄마의 질문에 아이들의 눈빛이 달라지고 말수가 많아진다. 엄마가 자신의 이야기를 진심으로 들어주었기 때문이다. 일단 들어주는 것부터 시작하자. 깊이 있는 경청을 해보자. 영혼으로 그들의 가치관과 숨은 의도를 들어주고 가슴으로 기분과 감정을 들어주자. 그리고 입으로 맞장구를 제대로 쳐주자. 엄마가 들어주는만큼 아이들은 존중받고 있다고 생각한다. 그 존중감은 결국 애들의 자존감을 올리는 씨앗이 된다. 아이들의 성공적인 미래를 원한다면 "경청(敬聽)"이 그 해답이다.

가족을 지키고 싶다면
질문하라

워킹맘은 애들과 같이 할 수 있는 시간이 아주 제한적이다. 퇴근하고 와서 잠자기 전까지 아주 짧은 시간에 엄마의 역할을 다해야 한다. 다른 엄마들은 하루 종일 나누어서 할 잔소리를 한꺼번에 쏟아낼 수밖에 없다. 학교생활은 어떤지, 친구들과는 잘 지내는지, 학원은 다녀왔는지, 시험공부는 했는지 등 챙겨볼 것이 한두 가지가 아니다. 그러다보면 애들을 위한 질문이 아니라 나의 궁금증을 풀기 위한 질문을 쏟아내게 된다. 질문에도 단수가 있는데 하수(下手) 질문만 집중 투하하게 된다. 그런 질문을 받은 애들은 짜증을 내기 마련이고 엄마랑은 아예 말이 통하지 않는다며, 엄마랑 얘기만하면 머리가 아프다며 말문을 닫아 버린다. 엄마들 중 질문의 방법을 구체적으로 알고 행하는 사람들이 의외로 적다.

지금은 대학생이 된 딸이 고등학교 2학년 여름 방학 때였다. 얼굴이 밝지 않고 말수도 점점 줄어들었다. 입시 스트레스라 생각했다. 딸을 데리고 근사한 레스토랑에 가서 대화를 시도해 보기로 했다. 깊이 있는 질문으로 딸의 얼어붙은 마음을 녹여보고 싶었다.

"주현이는 이다음에 커서 어떤 일을 하고 싶어?"

"……."

평상시와 다르게 대화의 문을 연 엄마에게 조금 당황하는 기색이 었었다. 한참을 기다렸다. 가뭄에 말라붙은 펌프에 마중물을 붓듯이 침묵하며 참아보았다. 3분여가 지났을 때 다시 질문을 던졌다.

"주현이는 뭐할 때 제일 즐거워?"

딸은 대답 대신에 눈물이 그렁한 눈으로 되물었다.

"엄마! 엄마는 내 친엄마 맞아?"

생각지도 못한 역질문에 당황스러웠다.

"엄마는 내가 가출하면 누구한테 전화할 거야? 엄마 핸드폰에 내 친구 엄마 연락처 하나라도 있어?"

친엄마가 분명한데 그 순간에는 어떤 대답도 할 수 없었다. 온몸이 완전 얼어붙는 기분이었다. 옛날 같았으면 또 신경질적으로 반응했을 것이다. 아니, 그 전에 질문조차도 하지 않았을 것이다. 갑작스런 반응에 놀라 마음을 진정하고 딸에게 왜 그러냐고 다시 물었다.

"엄마, 나는 초등학교 때부터 항상 외로웠어. 엄마가 너무 바빠서 나 혼자서 모든 걸 처리해야 했어. 친구들 얘기를 들으면 옆에서 도와주는 엄마가 얼마나 부러웠는지 몰라. 그래도 우리 엄마는 회사를 다니니까 하면서 참았지만 너무 힘들었어. 중학교 때도 항상 나는 혼자였어. 나는 어렸을 때부터 미술을 하고 싶었어. 몇 번을 얘기했는데 엄마는 아예 듣지 않았던 것 같아. 과외 선생님 붙여주면서 아나운서 되라고 신문방송학과를 가라고 하더라. 스트레스 무지 받았어. 하루하루가 지옥 같았어. 집에서 탈출하고 싶어. 엄마가 무섭고 두려워. 나도 집에서 웃으면서 살고 싶어."

충격이었다. 딸이 독립심 강하다며 혼자 위안을 삼았었는데 그게 아니었던 것이다. 어찌 이리 무심한 엄마였을까. 나는 딸이 고등학교에 입학한 후에도 입시설명회 한 번 제대로 가지 못한 엄마였다. 딸이 어떻게 고등학교 생활을 하는지, 친한 친구가 몇 명인지, 친구들은 어떤 아이들인지 전혀 몰랐다. 초등학교 때부터 학부모 만나는 것을 기피했던 나였다. 여유 있게 학부모를 만나서 수다나 떨 수 없다는 마음이 깔려 있었던 것 같다. 입시생 엄마임에도 불구하고 회사가 바쁘다는 이유로 아이의 문제를 상담하기 위해 학교에 방문한 적도 거의 없었다. 그저 속이 깊고 이해심 많은 나의 딸이 잘하고 있다고 생각했다. 항상 주도적이고 책임감 있게 생활하는 딸이 대견하고 자랑스럽다고 하면서 말이다.

그런데 '주현이는 뭐할 때 즐거워, 앞으로 뭘 하고 싶어?' 하는 엄마 질문에 울음을 터뜨리며 10여 년간의 아픔을 폭발시킬 줄이야! 하늘이 노랗게 변하고 땅이 꺼지는 기분이었다. 딸은 원래 춤추기를 좋아하고 밝은 아이였는데 중학생이 되면서 말수가 적어지고 얼굴에서 웃음이 사라졌다. 어른스럽다는 말로 긍정적으로만 본 것이다. 내심 위안을 삼았는지도 모르겠다. 딸의 갈등은 전혀 생각지도 못했다. 그때까지 진지하게 딸아이의 꿈이 무언지 물어볼 생각조차 하지 않았다. 그저 아이 잘되게 하려고 나대로는 야단법석 떨면서 살았는데 그것이 딸의 꿈과는 아무런 상관이 없는 오로지 나의 욕심이었다는 사실을 받아들여야 했다. 그날 딸이 털어놓은 자신의 꿈은 디자이너였다. 미술을 너무 하고 싶었는데 엄마 기에 눌려 이야기하지 못했다고 했다. "진작에 얘기하지." 하면서 말끝을 흐릴 수밖에 없었다.

늦었지만 딸아이가 하고 싶은 미술로 진로를 바꾸기로 했다. 고등학교 2학년 2학기에 미술을 새롭게 시작한 것이다. 무모한 결정이었다. 미술학원 근처에도 가본 적이 없던 딸은 대입 미술학원에 어렵게 등록을 했다. 학원에서는 완전 초보자를 입시생으로 받을 수 없다고 했다. 재수, 삼수를 각오하고 시작하는 것이라며 일단 등록만 시켜달라고 부탁했다. 딸애는 중지, 검지가 움푹 패일정도로 미술 실기연습에 몰입했다. 자정까지 쉼 없이 학원에서 그림을 그렸다. 미술을 하면서부터 딸애 얼굴에는 화색이 돌았다. 과거엔 '예, 아니오'로만 답하던 딸의 말수가 늘어나기 시작했다. 자신감도 생기는 것 같았다.

미대 합격은 실기와 비례한다는 말을 수없이 들었던 터라 정시에 입학할 것이라고 전혀 기대하지 않았다. 엄마의 무관심으로 딸애가 재수, 삼수 할 거라는 생각에 미안한 마음이 컸다. 2011년 1월 딸아이는 두 군데 합격통지를 받았다. 높은 경쟁률을 뚫고 성신여대 산업디자인학과에 입학을 하게 되었다. 딸의 미대 합격 소식은 내 인생에서 무엇과도 바꿀 수 없는 아주 소중하고 기쁜 선물이었다. 엄마의 위압적인 자세에 마음에 빗장을 닫고 혼자 외롭게 초, 중, 고 생활을 우울하게 해온 딸이 장했다. 엄마는 일이 바쁘다는 이유로 섬세하게 돌보지 않고 엄마 마음대로 딸의 인생을 설계하고 옥죄기만 했다.

아마도 딸애가 재수, 삼수를 하거나 계속 미대입시에 실패했다면 엄마로서 자책감이 커졌을 것이다. 딸애에게 지금도 감사하고 또 감사해 한다. 그리고 한편으로는 미안한 마음이 크다. '딸애가 정말 하고 싶었던 것을 미리 알았더라면 더 좋은 기회가 많았을 텐데' 하는 후회도 크다. 하지만 디자이너의 꿈을 향해 멋진 도전을 하는 딸이 기특하다. 만약 고등학교 2학년 여름방학 때 딸에게 그 질문을 하지 않았다면 어떻게 되었을까.

아이를 초등학교에 보내면서 엄마들의 욕심 주머니가 부풀어 오르기 시작한다. 반장, 부반장이 못되면 화나고 국제학교, 예술학교, 과학기술고등학교에 가야 한다며 아이들을 휘어잡는다. 나 역시 그런 세월을 살았기에 그것이 어떤 마음인지 잘 안다. 부모로서 충분히 욕심낼 수 있다고도 생각한다. 그렇지만 아이들 입장을 좀 더 생각해보자. 과연 사랑스러운 나의 자식들은 어떤 것을 하고 싶어 하는 걸까? 무엇을 할 때 정말 즐거운가? 한 번 확인을 해야 하지 않을까. 아이의 미래를 엄마가 이루고 싶어 하는 방향으로 조정하고 있는 것은 아닐까?

엄마들의 생각이 항상 옳은 것은 아닐 수 있다. 아이의 행복이나 아이의 꿈과는 아무런 상관이 없을 수 있다. 엄마의 욕심으로 세워진 목표를 애들이 흔쾌히 달성해 주지 않으면 엄마는 불같이 화가나고 우울해질 수 있다. 나 역시 아마 이런 기간이 더 길었다면 그러니까 대학까지 내 욕심대로 보내고 그 이후의 삶까지도 조정하려고 들었다면 딸애는 결국 엇나갔을 것이다.

지금 자녀들이 행복하고 성공적인 삶을 살 수 있도록 도와주는 최선의 행동은 그들의 마음속의 열정을 뿜어내게 하는 질문이다. '아이들이 언제 즐거운지' '뭘 하고 싶은지' '어떤 사람으로 성장하고 싶은지' '엄마, 아빠가 무엇을 도와주어야 하는지' 등 부모의 답이 아닌 아이들 마음속에 잠자고 있는 잠재력을 이끌어 내어 그들이 꿈꾸는, 즐길 수 있는 세상을 살도록 해주어야 한다.

아이들은 우리가 생각하는 것 이상으로 생각이 깊고 무한한 가능성을 가지고 있다. 누군가 질문하지 않으면 고스란히 묻혀버리고 만다. 아이들이 자신의 삶을 살 수 있도록 자극을 해주자. 지금도 늦지 않았다. 자녀가 몇 살이든 상관없다. 엄마가 정답이라는 생각을 버리고 아이들의 마음을 노크해보자. 강력한 질문은 사람을 움직이게 한다. 스스로 해답을 찾게 해준다. 좋은 질문은 세상도 바꿀 수 있다.

긍정의 세상으로 말이다. 특히나 물리적으로 시간이 허락하지 않는 직장맘들에겐 양적 시간투자보다는 질적으로 시간을 투자해서 강력하고 의미심장한 질문으로 자녀들을 동기부여 해보면 어떨까 싶다.

자녀들의 마음의 문을 활짝 열게 하는 질문들

1. 지금 너의 삶을 동물로 표현해보면 어떤 동물이 떠올라?
2. 어떤 의미야?
3. 앞으로 어떤 동물이 되고 싶어?
4. 너에게 아무런 제약도 없다면 뭘 제일 해보고 싶어?
5. 어떤 것을 할 때 에너지가 샘솟니?
6. 성공의 기쁨을 느꼈던 순간은 언제야?
7. 네가 존경하는 인물은 누구야? 왜 그분을 존경하니?
8. 너의 자식에겐 어떤 엄마, 아빠로 기억되고 싶어?
9. 네가 엄마나 아빠 나이가 되었을 때 어떤 사람이 되어 있을까?(최대한 상상하고 그려보게 한다.)
10. 그런 사람이 되기 위해서 지금부터 무엇을 준비해야 할까?(또 뭐가 있을까? 5번 이상 계속 물어본다. 뒤로 갈수록 좋은 아이디어가 샘솟는다.)
11. 정말 대단한데. 지금까지 말한 것 중에서 지금부터 실행에 옮길 것이 있다면 뭘까?
12. 언제 할 거야? 엄마가 도와줄 것은 없을까?
13. 네가 잘하고 있는지 어떻게 알 수 있을까?
14. 스스로에게 칭찬 한마디 한다면 어떤 말을 해주고 싶니?(엄마도 네가 잘할 것으로 믿는다. 진심으로 인정하고 칭찬해 준다.)
15. 엄마랑 대화하면서 어떤 느낌이 올라왔니?

엄마 방목해줘서 고마워요

'엄마 욕심'에 눈이 멀었을 때 나는 아들이 무척 자랑스러웠다. 커서 대단한 일을 할 인재라고 굳게 믿었다. 기대의 눈높이를 한껏 높이면서 교육열을 불태웠고 일하는 엄마지만 사립학교 근처로 이사를 할 정도로 열정을 다했다. 환경적으로는 말이다. 그런데 헛똑똑이 엄마의 오산이었다. 초등학교에 들어가면서 아들이 조금씩 폐쇄적으로 변하는 것을 느꼈다. 당시에는 대수롭지 않게 넘기며 엄마의 욕심 주머니를 자꾸 부풀려 나갔다.

하지만 아들은 엄마의 기대와는 달리 스타크래프트 게임광이었다. 매일 밤마다 미친 듯이 게임을 하는 아들을 보면서 부글부글 속을 끓이기 일쑤였다. 늦은 밤 11시 쯤 귀가하는 엄마에게 아들은 언제나 게임하는 모습만 보여주었다. 현관으로 들어서며 '오늘은 우리 아들, 딸이 제발 열심히 공부하고 있기를' 바랐지만 항상 그 기대는 문을 여는 순간 물거품처럼 사라졌다. 격무에 시달리고 들어온 엄마의 위세를 보이기라도 하듯이 게임을 즐기는 아들을 야단치고 비난했다. 아들 또한 사춘기여서 나에게 꺾이기 보다는 적대적으로 반항했다.

그런 아들이 고등학교에 입학하자마자 수학 선생님의 불합리한 처사에 반기를 들면서 갈등이 깊어졌다. 뜬금없이 미국으로 유학을 가겠다고 선포했다. 아들은 영어 회화학원도 한 번 다니지 않았고 영어로 대화하는 것도 들어본 적이 없었다. 한국의 교육 현장에서 도망가듯이, 엄마의 사정권에서 벗어나려고 작정한 듯이 아들은 홀연히 미국으로 떠났다. 환승노선을 이용해야 하는 보스톤행을 아들 혼자 보냈다. 정말 간이 커도 너무 큰 부모였다. 아빠는 거래선 때문에 물리적으로 시간을 낼 수 없는 상황이었다. 나는 그룹에서 CJ푸드빌 경영지원실장으로 보직발령이 나서 업무인수인계를 받아야 하는 상황이랑 맞물려 어쩔 수 없었다. 한국에서 노심초사하며 아들의 무사안착을 빌었다.

한국에서는 컴퓨터게임 말고는 아무것도 제대로 하지 못하는 아들이라고 생각했다. 그런데 어학연수 없이 8학년으로 입학한 아들이 용케도 잘 적응해나갔다. 영어가 70% 정도 들린다고 했다. 한 달이 지나자 영어로 듣고 말하는 것도 어렵지 않다고 했다. 도저히 이해할 수 없는 상황이었다. 영어라고는 어렸을 때 윤선생 영어를 한 것이 다였다. 영어학원은 다니다가 재미없다고 다니지 않았다. 어떻게 영어를 가자마자 들을 수 있고 말할 수 있었던 것일까? 유학간지 3개월 쯤 지났을 때 아들에게 메신저 노크를 했다.

"아들아, 너는 영어 스피치 학원에도 다닌 적이 없고 유학 준비도 한 적이 없는데 어떻게 한 달 만에 거의 100% 영어 청취가 가능했어? 그리고 더 이상한 건 영어로 논쟁도 잘한다고 하는데 어떻게 그렇게 할 수 있어? 엄마가 궁금해서 말이야."

"엄마 그거 몰랐어? 나는 중학교 들어가면서 거의 매일 CNN뉴스를 들었어. 게임하면서도 외국인들과 영어로 채팅도 하면서 공부했어. 내가 놀기만 한 게 아니고 할 거 하면서 놀았는데 엄마는 항상 나를 야단쳤지."

너무나 소름끼치는 대답이었다. 게임에 빠져 있다고 핀잔만 준 아들이 그렇게 자기만의 방식으로 열심히 영어 공부한 줄은 전혀 몰랐다. 야밤에 오로지 게임에 열중하는 모습만 봤으니 말이다. 그래서 또 질문을 했다.

"이놈아. 그러면 엄마 퇴근하기 전에 게임하고 엄마가 돌아올 즈음에 CNN 뉴스를 들었으면 엄마가 화도 안 내고 칭찬했을 텐데 왜 그렇게 청개구리처럼 행동했냐?"

"엄마는 게임 세계를 몰라서 그래. 게임 고수들은 대부분 밤 11시 이후에 모이거든. 그리고 공부하는 거 엄마한테 뽐내고 싶은 마음도 없었고. 내 공부인데 뭘."

정말 부끄러워지는 순간이었다. 엄마보다 백배 천배 훌륭한 아들이었다. 그걸 모르고 괜한 스트레스를 퍼부었으니 마음의 상처도 꽤 있었을 텐데 잘 극복해 주어 참 다행이고 고맙다. 아들은 미국에서 물 만난 고기처럼 자신의 끼를 발휘하면서 멋지게 생활했다. 바이올린, 플루트, 피아노를 수준급으로 익혔고 미술도 곧잘 그린다. 메사추세스 주에서 진행한 금연광고 공모전에서 1등을 차지하기도 했다. 한국에 있을 땐 엄마도 아들의 재능을 전혀 몰랐고 학교 선생님도 아들의 재능을 제대로 알아봐 주지 못했다. 늘 시험 등수로만 평가해 왔다. 도대체 아들이 어떻게 자신을 이렇게 확장될 수 있었을까? 아들은 한국은 무조건 외워야 하지만 미국은 인정과 칭찬이 많다고 했다. 작은 씨앗에게도 물을 주고 잘 들어주고 질문을 통해 자신을 자극시킨다고 전했다. 쭉 이야기를 들어보니 아들이 만난 미국 선생님들은 내가 배운 코칭 기법으로 애들의 잠재성을 발휘할 수 있도록 해 준 것이다. 진정한 코치였던 것이다.

2013년 초 아들은 군 입대를 위해 휴학을 하고 한국에 들어왔다. 둘이서 오붓이 점심식사를 했다. 아들은 엄마에게 특히나 고맙다고 했다. 어렸을 때 무섭기만 했던 엄마가 자신을 믿고 미국으로 유학을 보내주고 미국 생활에 관여하지 않고 방목해주어 자립심이 커졌다고 했다. 또래 친구들과는 다르게 생각하게 되었고 생각하는 범주가 넓어지고 새로운 것에 대한 도전심이 강해졌다고 했다. 엄마의 방목이 자신의 창의성을 키워준 것이라고 했다.

"엄마, 나를 방목해주어 고마웠소. 엄마의 방목이 내 인생관과 사고를 많이 전환시켰어. 다른 아이들과 다른 생각을 가지게 된 것, 엄마가 용기 있게 나를 믿고 해외로 보내서 완전히 캉목해준 덕분이야. 엄마 정말 고맙소.”

아들 얘기에 울컥 했다. 못난 엄마 아래에서 잘 컸다. 정말 청출어람이다. 그날 불고기가 어디로 들어가는지도 모르게 속으로 엉엉 울었다.

남편을 무조건 내편으로 만들어라

정말 힘들 땐 옆에서 누군가 위로 한마디만 해주어도 풀리는 경우가 많다. 워킹맘은 360도로 주변인들을 챙겨야 하고 복잡한 관계 속에서 해도 해도 끝이 없는 여러 역할이 기다리고 있다. 그러면서 세상사 내 맘 같이 돌아가면 얼마나 좋을까만 그렇지 않은 경우가 많다. 서로 부대끼며 오해와 불신의 옷을 덧입고 갈등이라는 것을 만들어내게 된다.

22년간 시부모랑 같이 살아온 나는 남편에게 감사한다. 조금도 참지 않고 직설적인 아내를 감내하기 힘들었을 것이다. 시월드는 불가근불가원이데 한집에 있으니 항상 전쟁기류가 흐르기 마련이었다. 시어머니에게 불만이 있거나 뭔가 마음에 안 들면 애꿎은 남편에게 쏟아 부었다. 시어머니도 며느리에 대한 불만을 남편에게 넋두리하곤 하셨다. 하지만 남편은 갈등의 소지가 있을만한 얘기는 절대 옮기지 않았다. 중간에서 이쪽도 저쪽도 아닌 중립의 자세로 행동해 준 남편이 없었다면 아마도 우리의 한집 살림살이는 깨져도 벌써 깨졌을 것이다.

남편은 대학교 시절 선배였다. 누구보다도 나를 잘 알고 있었다. 절대 일을 하지 않으면 안되는 성격이라는 것, 승부근성이 강하다는 것, 욕심이 많다는 것을 알고 있었기에 회사를 계속 다닌다는 것에 전적으로 동의해 주었고 힘들어 할 때마다 응원을 해주곤 했다. 남편에게 전폭적으로 지지나 옹호를 받지 못하면 워킹맘으로서 회사일과 가정일을 온전하게 해낸다는 것이 거의 불가능하다. 남편이 근성적으로 착한 것과는 다르다. 회사생활을 해나가는데 있어서 남편으로서 해주어야 하는 역할과 응원이 필요하다는 것에 동의를 구해야 한다. 알아서 해주었으면 하는 것은 욕심이다. 남성이 미세한 부분까지 알아차리는 경우는 드물다. 내가 먼저 입을 열고 마음을 열어 남편과 소통하자. 그리고 남편을 확실한 나의 지지자로 세워놓자. 그러면 워킹맘으로서 마음의 무게를 좀 더 내려놓지 않을까 싶다.

회사를 다닐 땐 남편의 고마움이나 소중함을 그냥 스치곤 했다. 보통 여성들은 군대를 다녀오지 않으므로 남성들보다 승진이 빠른 경우가 많다. 직급상으로 역전현상을 보이는 경우다. 그럴 때 남편을 더 배려하고 존중해야 하는데 그걸 퇴임하고서야 알게 되었다. 대기업의 임원 타이틀이 있다보니 개인사업을 하는 남편을 쉽게 생각한 것도 사실이다. 신입으로 들어가서 결혼하고 애를 낳으면서도 25년간 승승장구한 나에겐 자만심이 항상 도사리고 있었는지도 모른다. 뭐든지 내가 진두지휘하면서 '왜 내가 혼자 다해야 하냐?'며 불평불만을 했다. 혼자 북 치고 장구 치면서 남편에게 도움을 요청하지 못했다.

후배 워킹맘들 중에 아주 잘 나가는 친구들이 많다. 그녀들도 남편들과 보이지 않는 갈등이 있다. 아예 말문을 닫고 사는 워킹맘도 있다. 스트레스가 깊어지다 보니 그럴 것이다. 이런 후배들에게 먼저 다음 질문에 답해 볼 것을 권유한다. 답을 하다 보면 남편의 존재와 소중함을 다시 생각하게 될 것이다. 그러면 행동을 바꾸게 되고 자연스레 관계도 회복되고 대화도 원활해질 것이다.

남편을 내편을 만드는 질문들

1. 남편을 처음 만났을 때 어떤 마음이셨나요?

2. 당신을 이끈 특별함이 있다면 무엇입니까?

3. 당신 삶에서 가장 소중한 사람은 누구입니까?

4. 남편이 지금 당신 곁에 없다면 어떤 일이 벌어질까요?

5. 남편이 소중한 이유 20가지를 적어본다는 무엇입니끼?

6. 지금 당신의 부부관계는 100점 만점에 몇 점 수준입니까? 남편은 몇점
   으로 생각할까요?

7. 당신과 남편의 관계를 색깔로 표현하면 무슨 색깔입니까?

8. 어떤 색깔로 변화하고 싶으십니까?

9. 그러기 위해 어떤 노력이 필요할까요? 10가지 이상 적어보세요.

10. 오늘 당장 실행할 것은 무엇인가요?

제 2 장

똑똑한 워킹맘,
셀프코칭(Self Coaching)
하라

- 내 삶의 에너지원, 자존감을 높여라
- 나를 사로잡고 있는 생각부터 찾아라
- 인생의 수레바퀴를 온전히 굴려라
- 나만의 시간관리 기술을 찾아라
- 자기성찰로 깊은 나를 만나라
- 자성예언이 성공을 불러 온다

내 삶의 에너지원,
자존감을 높여라

자존감이라는 말을 자주 들어보았을 것이다. 자아존중감(自我尊重感, self-esteem)이라고도 한다. 자기 자신을 가치 있고 긍정적인 존재로 평가하여 뭐든지 해낼 수 있는 마음을 갖는 상태를 말한다. 누군가에게 존중을 받게 되면 자긍심이 생기고 그 자긍심으로 여러 가지 도전하면서 자신감을 키우고 자신감으로 많은 것을 성취하게 되면 자부심이 올라간다. 이런 긍정의 선순환이 이어지면 자연스레 자존감이 올라가게 된다.

나는 솔직히 삼성그룹에 입사하기 전까지는 자존감이 매우 낮았다. 시골에서 태어났고 학업을 전폭 지지해주는 환경도 아니었다. 부모님은 근면성실하신 분들이었다. 나는 아주 내향적이고 소극적인 학생이었지만 어린 마음에 선생님을 하겠다는 꿈을 그리고 있었다. 고등학교는 상업고가 주인 종합고등학교를 졸업했다. 동국대 일문과도 꼴찌로 겨우 입학했다. 그냥 내가 혼자 알아서 커야 하는 상황이었다. 삼성에 입사하면서 마음속 한편으로 내가 대견해지기 시작했다. 그땐 자존감이라는 단어자체도 몰랐던 시절이다. 그런데 아마도 삼성그룹에 입사했다는 사실에 자긍심이 올라오면서 자신감도 생긴 것 같다. 회사에서 이런저런 성과를 인정받고 승진하면서 차츰 자존감이 올라갔다.

나는 요즘 한국양성평등교육진흥원 주관으로 민간기업과 공공기관에서 여성관리자를 대상으로 역량강화 여성리더십을 강의하고 있다. 워킹맘을 대상으로 제일 먼저 강조하는 것은 자존감이다. 내가 나를 오롯이 세우지 못하면 조직에서 롱런할 수 없다. 자존감이 높으면 높을수록 스스로를 컨트롤하고 미래 성장을 위해 긍정의 요소를 자꾸 발견하게 된다. 자존감이 높은 사람은 자세에서 금방 알 수 있다. 눈빛이 다르다. 말에 힘이 실려 있다. 그리고 매사 잘할 수 있다는 자신감이 물씬 풍겨나온다. 반대로 자존감이 낮으면 피해의식이 높아진다. 모든 것을 남 탓으로 돌리면서 회피하려고 한다. 자세도 꾸부정하다. 얼굴에는 어둠이 드리워져 있다. 눈에는 총기가 없다. 말에도 힘이 없다. 만사를 버거워한다.

많은 여성리더들을 대상으로 자존감을 검사해 보면 70%가 평균 범위에 속해 있다. 5% 내외가 아주 높은 자존감을 가지고 있다. 나머지 25%는 상당히 낮은 자존감을 가지고 있다. 자신의 자존감 점수를 먼저 살펴보자.

자존감 검사지

나의 자존감 점수를 산출해 보자. 제시된 문항을 읽고 해당되는 점수를 적어보자.

1. 항상 그렇다   2. 자주 그렇다   3. 그렇다   4. 거의 그렇지 않다   5. 전혀 그렇지 않다

검사질문지	1차평가	2차평가
1. 나는 변화가 두려워 새로운 것에 도전하지 않는다.		
2. 나는 도움이 필요할 때 다른사람에게 요청할 수 있다.		
3. 나는 누군가 나에게 부정적인 지적을 할 때 인정하기 힘들다.		
4. 나는 나 자신을 몰아붙이듯 일한다.		
5. 나는 자신에 대해 부정적이고 비판적인 말을 많이 한다.		
6. 나는 높은 지위를 얻어 사람들로부터 인정을 받고자 한다.		
7. 나는 내 안에 무한한 가능성이 존재한다고 믿는다.		
8. 나는 다른 사람과 나를 비교하곤 한다.		
9. 나는 나 자신을 있는 그대로 받아들이고 사랑한다.		
10. 나는 다른 사람과 친밀한 관계를 잘 맺는다.		
11. 나는 내 삶에 필요한 에너지를 지니고 있다.		
12. 나는 문제를 직면해서 풀기보다는 회피하려 한다.		

13. 나는 더 나은 삶을 위해서 내 자신의 변화가 필요하다고 본다.		
14. 나는 내 자신에 대해 대체로 만족한다.		
15. 나는 과거에 잘못한 것이 많아 미래에도 잘 안될 것 같은 생각이 든다.		
16. 나는 자주 우울하다.		
17. 나는 다른 사람들만큼 일을 잘할 수 있다.		
18. 나는 내가 여성(남성)인 것에 만족하지 않는다.		
19. 나는 자랑할만한 것들이 별로 없다고 생각한다.		
20. 나는 걱정을 많이 한다.		
합계		

＊한국사티어연구소의 자존감 검사지를 참고로 하여 간단하게 재구성한 자료임

1차 평가 숫자를 2차평가란에 옮겨 적는다. 그러나 회색으로 표시된 문항(2,7,9,10,11,13,14,17)은 역산해서 표시한다. 즉 1은 5로, 2는 4로, 3은 그대로, 4는 2, 5는 1로 바꾸어 기입한 뒤 전체 합계를 산정해 보면 된다. 몇 점이 나왔는가? 합계점수가 50점 이하라면 매우 자존감이 낮은 상태이다. 50~60점은 조금 낮은 상태이다. 60~80이면 보통수준이다. 80이상이면 비교적 높은 자존감을 지니고 있다고 볼 수 있다.

필자의 자존감 점수는 현재 97점이다. 어린 시절에는 내성적이고 자존감이 낮았다. 입사해서도 기죽어 지낸 세월이 있다. 임원으로 근무하던 중 갑자기 퇴임통보를 받고 급격하게 강하되는 나의 자존감을 경험했다. 지금은 97점까지 올라갔다. 스스로 노력하면 가능하다. 엄마, 아내, 직장 상사, 부하 등 다원적인 역할을 소화해야 하는 직장 맘들은 최소 80점 이상으로 자존감을 올려보길 바란다. 스스로에 대한 믿음도 커지고 부가가치 없는 스트레스에서 해방될 수 있다. 조직에서도 인간관계나 성과창출에서 남다른 리더십을 발휘하게 될 것이다.

내가 직접 실행하고 있는 자존감 높이기 활동을 소개한다. 첫째, 매일 자존감 자세로 앉아 나를 세워보아라. 에너지 출발은 바르게 앉는데서 시작한다. 앉을 때 삐딱하게 앉거나 다리를 꼬고 앉으면 에너지 생성 자체가 불안정해진다. 일단 바르게 앉자. 그리고 엉치뼈에서 목뼈까지 일직선으로 만든다는 생각으로 척추를 꼿꼿이 세운다. 앉은키가 늘어나는 것을 자각할 수 있다. 가슴을 움츠리고 있다면 활짝 피자. 어깨도 건방지다 할 정도로도 뒤로 젖혀본다. 고개를 반듯이 들고 눈에는 광선이 나올 것 같이 힘을 넣는다. 그리고 오롯이 자신을 느껴보자. 자세만으로도 자신감을 올리고 자존감이 올라간다. 지하철이나 버스 이동시에도 스마트폰과 이별을 하고 나를 세우는 시간으로 활용하자. 자존감 자세로 앉는 것만으로 스스로의 존재감이 올라간다.

둘째, 자존감 검사지를 보면서 셀프코칭을 해본다. 다음 제시한 질문에 답을 하면서 자존감을 올리기 위한 행동을 찾아내어 변화활동을 실행해 보도록 하자.

자존감 셀프 코칭을 위한 질문

1. 현재 자존감 점수는 몇 점인가?

2. 만족할 만한가? 그렇지 않다면 몇 점까지 올리고 싶은가?

3. 그 점수까지 올라가기 위해서 최우선적으로 어떤 항목을 개선해야 하는가? 점수가 낮은 순으로 5가지 이상을 적어보자.

4. 원하는 수준으로 자존감이 높아지면 어떤 기분이 들겠는가?

5. 그렇게 높아진 자존감을 통해서 무엇을 이루고 싶은가?

6. 이제부터 최우선적으로 어떤 변화를 시도해 보겠는가?

7. 언제 하겠는가? 장애요소는 없겠는가?

8. 스스로 셀프코칭을 하면서 어떤 느낌이 들었는가?

나를 사로잡고 있는
생각부터 찾아라

원효대사가 당나라로 유학을 가던 중에 동굴에서 지친 몸으로 잠이 들었다. 자다가 갈증이 나서 어둠 속에서 물이 담긴 바가지를 발견하고 시원하게 마셨다. 아침에 일어나 다시 그 물이 생각나서 마시려고 보니 밤사이에 마신 물은 해골에 담긴 낙수였다. 원효대사는 울렁거리고 토할 것같은 기분을 느끼면서 일체유심조(一切唯心造)의 깨달음을 얻었다고 한다. 즉 세상의 모든 것은 내 마음에 달렸다. 아무 것도 모르고 마신 물은 달콤했지만 해골에 담긴 물이라는 것을 안 순간 토할 것같은 기분이 든 것이다.

덜 성숙된 직장맘으로 살았던 시절 혼자 쓰는 소설이 많았다. 시댁이든, 남편이든, 애들이든 내 마음에 내키지 않는 어떤 상황이 발생하면 내가 유리한 쪽으로 해석하고 혼자만의 시나리오를 쓰면서 웅크러들고 히스테리를 부리곤 했다. 워킹맘으로서 이렇게 힘들게 여러 가지 일을 하는데 시댁의 대소사를 내가 다 챙겨야 하는 불만도 올라오곤 했다. 혼자 생각하고 혼자 고민하다가 누군가에게 폭풍처럼 휘몰아치곤 했던 나를 생각해 본다.

애들을 보는 시각도 마찬가지였다. 모든 것이 내 머릿속에 들어 있는 믿음을 기준으로 애들을 가늠했다. 온종일 직장에서 일을 하다 보니 아이들의 하루 일과를 세밀하게 알 수가 없었다. 늦은 저녁에 퇴근해서 들어왔을 때 내가 원하는 모습으로 있지 않으면 그때부터 혼자 아이들의 하루를 단정 짓곤 했다. '하루 종일 컴퓨터 게임만 했을 것이고 공부는 전혀 하지 않았을 것이다' 확신하고는 감정을 폭발하곤 했다. 회사에서도 그랬다. 25년간 수많은 상사도 모셨고 수천 명의 부하직원도 거느려 보았다. 있는 그대로 보기보다는 풍문으로 만들어진 평판이나 내 인식에 있는 정보만 가지고 사람들에게 꼬리표를 달아주었다. 지금 생각해보면 고개가 떨구어질 정도로 미숙했다.

최근 명상심리를 공부하면서 ACT(수용전념치료, Acceptance & Commitment Therapy)를 접하게 되었다. 우리의 마음은 생각, 감정, 욕구로 구성되어 있다. 그런데 우리는 그 마음을 잘 보지 못한다. 내가 어떤 생각을 하고 있으며, 어떤 감정이 올라오고, 어떤 욕구가 있는지를 인식하지 못하며 살고 있다. 심리상태를 아는 것만으로도 많은 스트레스나 내적 갈등을 해결할 수 있다. 나는 아래의 진단지를 해 보고 과거에 내가 왜 그런 행동들을 했는지 원인을 찾게 되었다. 신기한 것은 내 마음속 깊은 곳까지 알고 나니 뭔가 마음속 무게가 내려감을 인지하게 되었다. 이 활동지는 나를 사로잡고(hook) 있는 생각과 그렇지 않은 생각을 알아볼 수 있다. 차분한 마음으로 안전한 공간을 확보한 후 읽어 내려가면서 문항을 체크해 보자.

당신을 사로잡고 있는 생각을 찾아라!
지난 한달 동안 당신은 이런 생각에 얼마나 자주 사로잡혔습니까?

내용	전혀 그렇지 않다	거의 그렇지 않다	보통이다	자주 그렇다	항상 그렇다
1. 나는 내가 하는 일을 매우 잘해야 한다. 그렇지않으면 사람들이 나를 존중하지 않을 것이다.	1	2	3	4	5
2. 만약 내가 다른 사람만큼 성공하지 못한다면 그것은 내가 나약하다는 의미다.	1	2	3	4	5
3. 내가 만약 어떤 일에 실패한다면 나는 한 인간으로서 실패자다.	1	2	3	4	5
4. 내가 하는 일은 무엇이든지 최고로 해내야 한다.	1	2	3	4	5
5. 도움을 요청하는 것은 나약하다는 증거다.	1	2	3	4	5
I					
6. 나는 가치없는 사람이다.	1	2	3	4	5
7. 나는 내 자신에 대해서 견딜수가 없다.	1	2	3	4	5
8. 나는 자랑할 만한 것이 없다.	1	2	3	4	5

9. 나는 잘하는 것이 없다.	1	2	3	4	5
10. 나는 대부분의 사람들처럼 잘 해낼수 없다.	1	2	3	4	5
Ⅱ					
11. 나는 다른 사람의 인정이 필요하다.	1	2	3	4	5
12. 나는 다른 사람들이 나를 나쁘게 생각하는 것을 견딜 수가 없다.	1	2	3	4	5
13. 다른 사람들이 나를 싫어하면 나는 행복할수 없다.	1	2	3	4	5
14. 나의 행복은 다른 사람들이 나를 어떻게 생각하는가에 달려있다.	1	2	3	4	5
15. 나는 다른 사람들의 사랑 없이는 행복을 찾을수 없다.	1	2	3	4	5
Ⅲ					
16. 내게 부정적인 감정이 없었으면 좋겠다.	1	2	3	4	5
17. 스트레스는 끔찍하다.	1	2	3	4	5
18. 나는 내 걱정을 통제할 필요가 있다.	1	2	3	4	5
19. 나는 내 부정적 사고를 피해야 한다.	1	2	3	4	5
20. 내 나쁜 기억을 없앨 수 있었으면 좋겠다.	1	2	3	4	5
Ⅳ					
21. 감정은 내 인생에 방해가 된다.	1	2	3	4	5
22. 고무되지 않으면 나는 어떤 일을 할 수 없다.	1	2	3	4	5
23. 내 감정은 내가 특정한 방식으로 행동하게 한다.	1	2	3	4	5
24. 불안하거나 우울할 때는 내게 주어진 책임을 다할 수 없다.	1	2	3	4	5

25. 자기에 대한 회의가 나에게 중요한 일을 하는데 방해가 된다.	1	2	3	4	5
V					
26. 내 또래 다른 사람들보다 나는 더 못한다.	1	2	3	4	5
27. 삶에서 내게 가장 중요한 것들을 어떻게 얻어야할 지 나는 모른다.	1	2	3	4	5
28. 내 과거 경험은 미래을 준비하는데 도움이 되지 못한다.	1	2	3	4	5
29. 아마도 얻지 못할 것이기에 내가 원하는 것을 위해서 애쓸 필요가 없다.	1	2	3	4	5
30. 결코 내가 원하는 방식으로 일이 진행되지 않는다.	1	2	3	4	5
VI					

출처: 수용전념치료(ACT) 임상가이드, 명상상담연구원

각 문항마다 체크한 숫자를 더해서 합계를 적어보자. 가장 높은 점수를 받은 항목을 어떤 것인가? 그것이 당신을 사로잡고 있는 생각이다.

Ⅰ은 능력에 대한 갈망이다. 완벽해지고 싶고, 높은 성취를 이루고자 하며 항상 효율적인 것을 생각한다. Ⅱ는 낮은 자존감이다. 자존감이 낮아서 자신을 '탐착치 않은 존재'로 평가하곤 한다. Ⅲ은 사랑과 인정에 대한 갈망이다. 모든 사람들에게 사랑과 인정을 받고자 하는 욕구를 나타낸다. Ⅳ는 회피다. 혐오적인 감정과 생각을 회피하고자 하는 신념을 나타낸다. Ⅴ는 장애물로서의 사고이다. 나의

생각과 감정이 효과적으로 행동을 하는데 있어서 장애물로 작용한다고 생각한다. Ⅵ은 희망 없음이다. 가장 중요한 것들을 인생에서 얻을 수 없다는 생각을 하고 있는 것이다.

'나를 사로잡고 있는 생각에서 벗어나기'
셀프 코칭을 위한 질문

1. 나를 강하게 사로잡고 있는 생각은 무엇인가?

2. 그러한 생각에 사로잡히게 된 결정적인 순간이 있었는가?

3. 그 생각이 내 삶에는 어떤 영향을 미치고 있는가?

4. 그 생각에서 벗어난다면 내 삶에는 어떤 변화가 있을까?

5. 그 생각에서 벗어나면 워킹맘으로 살아가는데 어떤 효익이 예상되는가?

6. 그런 모습으로 변화하기 위해 어떤 변화를 시도해 보겠는가? 5가지 이상을 생각해 보자.

7. 언제 하겠는가? 장애요소를 없겠는가?

8. 스스로 셀프코칭을 하면서 어떤 느낌이 올라 왔는가?

인생의 수레바퀴를
온전히 굴려라

로라 휘트워스는 『라이프코칭 가이드』에서 다양한 관점의 생활궤도에서 균형감을 강조한다. 관계하는 사람들 간의 균형감, 역할적인 측면에서의 균형감, 자신의 삶 속에서의 균형감 등 다양한 관점에서 균형점을 찾는 노력을 해야 행복한 삶으로 연결된다는 것이다. 인생의 균형감을 한 눈에 파악할 수 있는 '인생의 수레바퀴'는 직장맘들에게 강력하게 추천하고 싶은 툴이다. 내가 지금 어떤 상태로 살고 있는지, 무엇에 집중하는지 무엇을 놓치고 있는지를 객관적으로 바라볼 필요가 있다.

직장맘들은 철인과 같은 삶을 산다. 가정과 직장을 병행하면서 엄청나게 많은 역할과 책임이 고구마 줄거리처럼 엮이게 된다. 나 또한 그런 삶을 살았다. 대리시절까지는 업무를 익히고 자리를 잡느라 미친 듯이 회사업무에 몰두했다. 과장이 되면서부터는 관리자로서의 역량을 키워야 한다는 압박감에 미친 듯이 자기계발을 했다. 부장이 되면서부터는 임원으로 승진을 하겠다는 목표 하에 맹진에 맹진을 기했다. 나의 개인적인 삶의 질을 높이기 위한 활동은 전무했다. 하나부터 열까지 모두 직장에서 인정받고 성공하기 위한 것에만 집중을 했던 시절이다.

그때 당시의 나의 인생수레바퀴는 완전히 찌그러져 있었고 제대로 작동하기도 힘든 상황이었다. 객관적으로 나를 볼 기회나 계기가 없다보니 무조건 달리기만 한 것이다. 애들과 남편에게 정말 미안한 것은 오로지 나만을 위해서 살았다는 것이다. 2007년에 코칭을 접하면서 나 자신을 돌아보는 시간들이 상대적으로 늘어났다. 인생 수레바퀴를 그리며 반성도 하고 변화의 필요성도 느꼈다. 조금은 개선했던 것 같다. 그러나 여전히 자기중심적이고 업무중심적인 삶으로 나를 괴롭히며 살았다. 내 삶에 '나'는 없었다. 물리적으로 시간이 나지 않는 상황에서 애들을 잘 키워보려고 발을 동동 구르고, 회사에서도 남성들과 경쟁해서 살아남아야 한다는 압박감에 업무에 더 매진했다. 그래야만 하는 것으로 알았던 것이다. 직장에서는 상무까지 했으니 반은 성공이었다.

2011년 퇴임통보를 받았다. 인생 이모작을 생각하면서 자유로운 삶에 대한 갈망이 생겼다. 코칭 비즈니스를 본격적으로 하겠다는 마음으로 2년간 치열하게 준비했다. 이제는 국제인증 코치로서 자체적으로 개발한 프로그램으로 경기도인재개발원, 한국생산성본부,

대기업 등에 출강하며 코칭을 하고 있다. 코칭을 시작하며 조직에 있을 때 보다는 나를 정말 많이 돌아보고 성찰하게 되었다. 그러면서 내 인생의 수레바퀴는 점점 둥글게 그것도 큰 수레바퀴로 변화하고 있다. 미쳐버릴 정도로 산적한 이슈와 사람관계 속에서 지혜로운 삶을 살고자 하는 직장맘이 있다면 이 인생 수레바퀴를 정기적으로 그리며 균형 잡힌 삶으로 궤도를 수정해보자.

삶의 균형감이 있다는 것은 어떤 의미일까? 한 곳으로 몰리게 되면 함몰현상이 일어날 수도 있다. 맹목적으로 한 곳으로만 달릴 수도 있다. 그러면 수레바퀴가 고장나게 된다. 누군가에게 상처를 입힐 수도 있다. 직장맘으로서 기본적으로 챙겨야 하는 일들을 놓치고 후회할 수도 있다. 특히 나 자신을 잃어버리고 살 수 있다. 그러다가 어느 순간 스스로 우울 모드로 빠져버릴 수도 있다.

남성들은 선후배나 학연, 지연 등의 네트워킹을 하기 때문에 충고도 받고 조언도 받고 한다. 여성들은 상대적으로 그런 기회가 없다. 우리가 받아들이지 않아 그렇게 되었을 수도 있고 전혀 필요성을 인식하지 못해 그렇게 되었을 수도 있다. 누군가 도와주거나 조언해 줄 사람이 없다면 스스로 객관적으로 자신을 바라보는 시간을 마련해야 한다. 일 년에 두 번은 그려볼 것을 추천한다.

인생 수레바퀴를 그려보자. 항목별로 안쪽부터 10점씩 늘어 난다. 내 삶에서 해당 항목에 얼마나 집중하고 만족하는지를 스스로 측정해 보자. 그리고 각 지점을 연결해 본다. 어떤 수레바퀴가 되었는지 잘 살펴보길 바란다.

인생 수레바퀴

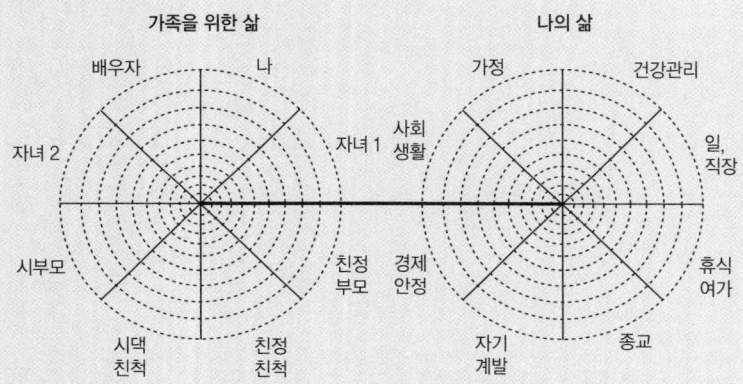

수레바퀴를 그려놓고 보니 어떤 느낌이 드는가? 균형감 있게 살고 있다면 양쪽 바퀴가 동그란 원형으로 그려질 것이다. 일단 동그랗다면 다행이다. 그러나 동그란 모양이더라도 그것의 크기를 살펴야 한다. 원이 작다면 활동성을 더 배가해야 한다. 문제는 수레바퀴가 요철 모양으로 그려졌다면 심하게 점수가 낮은 항목부터 개선할 행동을 찾아서 변화해야 한다. 하나하나 개선하다보면 원형으로 제자리를 잡게 된다. 이 수레바퀴가 둥글둥글하게 되면 삶의 충만감이 높아지게 된다.

엄마의 자기혁명

인생 수레바퀴를 잘 굴리기 위한 셀프코칭 질문

1. 인생 수레바퀴를 그려보니 어떤 느낌입니까?

2. 양쪽 수레바퀴가 원활하게 잘 굴러가고 있습니까?

3. 가장 잘하고 있는 것은 무엇이고, 가장 미흡한 것은 무엇입니까?

4. 최우선적으로 어떤 역할을 강화하고 싶으십니까?

5. 그 역할을 강화한다는 것은 어떤 의미입니까?

6. 그 역할이 강화되면 어떤 변화가 예상됩니까?

7. 그런 변화를 위해 어떤 행동변화를 시도해 보시겠습니까?(10개이상을 적어봅니다)

8. 최우선적으로 무엇을 해보겠습니까? 언제 하실 겁니까?

9. 스스로 답을 하면서 어떤 느낌이 올라왔습니까?

나만의 시간관리 기술을 찾아라

88년 당시 회사에 갓 입사한 신입사원이 결혼을 하자 그룹 내에 파장이 일었다. 퇴직을 권고 받았지만 굳세게 견뎠다. 출근하면 늘 가시방석에 앉은 듯 힘든 시간이 나를 기다렸고 매일 밤 꿈에선 가위에 눌렸다. 신혼의 달콤함은 나에게 사치였다.

결혼한 다음 달인 1월 월급을 받던 날 내 눈을 의심할 정도로 충격적인 사건이 발생했다. 당시에는 월급명세표를 회람하면서 확인 사인을 했다. 회람공문에 내가 촉탁사원, 계약직으로 바뀌어 있었다. 서무사원 밑으로 강등된 거다. 계약서에는 내 도장도 떡하니 찍혀 있고 말이다. 사전협의도 없었다. 그때 무슨 용기였는지 모르지만 곧바로 인사팀으로 달려갔다. '어디까지나 정식으로 시험 봐서 들어온 공채 사원이고 본인과 합의 없이 정규직에서 계약직으로 강등된 것을 받아들일 수 없다'고 따져 물었다. 선배들은 그 무서운 인사팀에 가서 하나하나 따져 묻는 내가 대단하다고 했다. 오랜 시간 인사팀과 대화하면서 감정이 북받쳐 올라왔다. 하지만 결국 회사 입장을 수락해야만 했다. 내 욕심만 주장할 수 없었다. 타협을 해야 했다.

계약서에 조건 명시를 요구했다. 그때 한참 남녀고용평등법이 사회적 이슈가 되던 터라 그 법이 발효되면 원상복귀 시켜주겠다는 조항을 넣어 달라고 말이다. 내 요구를 받아주었다. 인사팀에서는 아마도 얼마 못가 퇴사할 거라고 생각했던 것 같다. 그 다음날부터 나에겐 무서운 힘이 생겨나기 시작했다. 아마도 오기였을 것이다. 행동에서 나타난 변화 중 가장 큰 것은 새벽에 누구보다 먼저 출근하여 업무를 시작한 것이었다. 결혼한 여자도 이렇게 잘할 수 있다는 것을 보여주기라도 하듯이 말이다. 내 자리는 인사팀과 대각선으로 마주보는 자리였다. 인사팀 이사님에게 항의라도 하듯이 새벽에 출근해서 열심히 업무에 임했다. 완전 새벽형 인간으로 변신하게 된 것이다.

한 3개월쯤 지났을까 인사팀 이사님이 한마디 던지셨다. "미스 김, 신혼 생활 재미있나?" 그 한마디가 '이제 너 회사 다녀도 괜찮다'라는 승인의 소리로 들렸다. 속으로 회한의 눈물이 쏟아졌다. 강한 척하는 것과 정말로 강한 것은 다른데 이 사건 전에 내가 강한 이미지였다면 아마도 그것은 강한 척에 해당되었던 것 같다. 그러나 결혼하면서 찾아온 시련은 나를 강하게 만들어주었다. 회사에서 차

차 인정을 받으며 승진하게 되었지만 나의 역량에 대해서 갑갑함을 느꼈다. 어문학을 전공한 나였지만 업무적으로는 재무나 전략 등을 할 수 있어야 하는 자리였다. 여자가 조직에서 성공하려면 남들과 똑같은 성과로는 어불성설이다. 두 세배 더 노력해야 그나마 인정받을 수 있는 분위기였다.

거기에 결혼하고 육아까지 해야 하는 상황이었으니 시어머니가 애를 봐준다고 해도 기본적으로 해야 할 역할이 많지 않은가? 그렇다고 '아줌마니까'라는 마음으로 회사생활을 하고 싶지는 않았다. 시간을 확보해야 했다. 모든 역할을 하면서 성과를 내고 조직에서도 인정받으려면 24시간의 시계로는 불가능한 일이었다. 저녁에는 야근도 있을 수 있고 회식도 있고 무엇보다 일찍 퇴근해서 아이들에게 조금이라도 엄마의 손길을 주고 싶었다. 오후시간을 내 것으로 만들수 없는 상황이었다.

친정 부모님이 내게 물려주신 새벽에 일어나는 습관이 큰 자산으로 떠올랐다. 여러 궁리 끝에 거의 매일 새벽 5시에 일어났다. 새벽시간은 나에게 황금과 같은 시간이었다. 그 뒤부터 나는 새벽형 인간이라는 별명이 붙었고 이 습관 때문에 나의 시계는 하루 36시간의 효과를 낼 수 있었다. 새벽은 언제나 나에게 자기 성장이라는 선물을 주었고 시간을 효율적으로 사용할 수 있는 지혜를 얻게 해주었다.

과장이 되면서부터 마케팅, 경영전략, 재무전략 등 기회만 되면 온라인 강좌를 들었다. 2005년 즈음부터는 중국이 부상하자 중국어 새벽반 과정을 3년동안 결석 한 번 하지 않고 수료했다. 중국에서 MBA를 한 사람들과 나란히 학습할 수 있게 되었다. 취미 역시 새벽 시간을 활용했다. 직위가 올라가면서 골프를 배워야 했는데 2년간 새벽에 프로에게 배우면서 결석을 한 번도 하지 않았다. 골프 연습장이 아침 6시에 오픈하는데 첫손님은 항상 나였다. 나를 가르치던 프로가 당신처럼 지독한 고객은 본적이 없다고 농담을 했다. 25년간 쌓인 새벽시간은 지금의 '나'라는 브랜드를 만드는 데 큰 역할을 해주었다. 지금도 그 습관은 변함이 없다. 운동, 공부, 취미 무엇을 하든 새벽만큼은 온전히 나를 믿고 지지해주는 시간이다.

직장맘들에게 하루 24시간을 더 의미 있고 생산성 있게 사용할 수 있는 솔루션을 제시하고 싶다. 누구에게도 방해받지 않는 자신만을 위한 시간을 확보하라는 것이다. 그것이 새벽이면 더 좋다. 의지만 있으면 해결 방법은 있기 마련이다. 시간도 의미있게 디자인하면 여유가 생긴다. 모두 시간이 없다고 엄살이지만 그렇지 않다. 시간은 얼마든지 있고 그 시간을 내 것으로 만드는 것은 오롯이 자신의 몫이다. 물론 쉽지 않은 일이다. 하지만 양적으로는 한 두 시간에 불과하지만 자신의 생체리듬에 맞는 코어타임을 확보하면 그 시간은 다른 일을 할 때 보다 훨씬 더 잘 집중할 수 있어 두 세채의 효과를 만든다.

나는 어린 나이에 결혼해 아이들을 키우면서 직장에 다녔지만 승진에서 남자들에게 한 번도 뒤진 적이 없다. 남들과 같은 시간으로는 절대 커버할 수 없는 일상이었는데 내 생체리듬에 맞고 에너지가 생기고 생산성이 극대화되는 그런 시간대를 찾아 내 것으로 만든 것이 효과를 발휘한 것은 아닌가 생각한다. 나만의 코어타임을 확보한 것이다. 새벽은 나와 궁합이 딱 맞는 시간대였다. 몰입할 수 있는 시간을 하루에 2시간정도 확보하라. 그 시간에 자기계발, 명상, 운동, 미래 준비 등을 하며 자신의 시간을 36시간으로 활용 하길 바란다.

서울대 황농문 교수의 저서 『몰입』에서도 자신의 능력이나 기량을 최대한으로 발휘할 수 있는 시간을 확보하고, 그 시간에 능력과 기량을 높이는 활동을 해 볼 것을 권유하고 있다. 직장맘일수록 물리적으로 시간확보가 어렵다. 집중력이 배가 되는 시간을 찾아야 한다. 내 강의를 듣고 새벽형 인재로 거듭나는 프로젝트를 진행 중인 박현진씨는 모닝북클럽을 운영하고 있다. 아침 7시에 동료들과 만나 독서모임을 갖고 업무를 시작한다. 예전에 그냥 버렸을 시간을 다른 사람들과 같이 의미있게 활용하면서 삶의 패턴이 완전히 바뀌고 있다고 한다. 시작을 일찍 하는 만큼 하루가 길어진 느낌이라고 했다.

지금 우리들에게 주어진 시간은 다시 오지 않는 소중한 시간이다. 그 소중한 시간을 '정말 잘 썼다, 후회 없이 시간 관리를 해왔다'라고 자신하고 싶다면 지금부터 나만의 스타일로 효율적인 시간 관리 전략을 세워보자.

시간관리를 잘하는 워킹맘 되기 셀프 코칭질문

1. 나의 시간관리 점수는 100점 만점에 몇점인가?

2. 마음에 드는가? 그 점수를 말하면서 기분은 어떤가?

3. 몇점까지 올리고 싶은가?

4. 시간관리를 잘한다는 것은 어떤 의미인가?

5. 시간관리를 잘하면 당신 삶에는 어떤 변화가 생길까?

6. 그렇게 변하면 가족들에겐 어떤 효익이 생길 것으로 보는가?

7. 시간관리를 하는데 간절함이 있는가?

8. 우선적으로 어떤 변화를 할 것인지 세가지를 말하라.

9. 언제할 것인가? 장애요소는 없는가?

10. 스스로 대답하면서 어떤 느낌이 올라왔는가?

자기성찰로 깊은 나를 만나라

회광반조(回光返照)라는 말이 있다. 사람이 죽기 직전에 잠시 온전한 정신으로 돌아온다는 뜻으로 매일 매순간 온전한 정신을 가지고 자신의 삶을 들아보자는 의미이다.

2011년 10월 11일 아침부터 '단체급식사업본부 2012년 경영전략'을 발표했다. 워낙 이슈가 많은 사업부문이라 배석한 경영진과 스텝에게 닳은 질문과 공격을 받았다. 그 많은 질문을 받아치고 오전 10시경에 회의가 끝났다. 그날 오후에 세브란스병원과 제약사업부, 단체급식사업부가 병원식 개발을 위한 협약식이 있는 날이었다. 경영전략회의를 마친 후 오후에 있을 협약식을 준비 중이었다. 갑자기 대표이사가 나를 불렀다. 협약식 준비 때문이라고 짐작하여 자료를 챙겨갔다. 서류를 전하자 대표이사가 들쳐보는 시늉만 하고 옆으로 밀어 놓으며 말했다.

"그룹에서 퇴임명령이 났어요." 순간 내 귀를 의심했다.

"무슨 말씀이세요. 퇴임명령이라니요. 이유가 뭔가요 대표님?"

대표이사도 잘 모른다고 했다. 정확한 퇴임이유를 알고 싶었지만 뻔한 변명만 돌아왔다. 25년간 CJ에 맞춰 나의 모든 것이 바쁘게 돌아갔는데 갑작스런 퇴임을 수용하기 힘들었다. 하지만 임원은 임시직이니 항거할 근거가 없었다. 매일 아침 부산을 떨며 출근했으나 퇴임 다음날 할 일이 없었다. 25년을 바쁘게 달리다가 할 일 없는 날을 맞으니 완전히 무용지물이 된 것 같은 기분이었다. 도저히 집에 있을 수 없었다. 늦가을에 낙엽이 다 떨어진 스산한 산을 혼자 등반했다. 거의 3개월을 그렇게 보낸 듯하다. 늦가을이 겨울로 접어들고 산에 오르기 쉽지 않은 날씨였지만 산행으로 나를 고달프게 하지 않으면 견딜 수 없는 분노가 올라왔다. 나도 인간인지라 쉽게 포기가 되지 않았던 것이다. 산에 오르면서 스스로에게 힘을 주려고 해도 잘 되지 않았다. 팔을 뻗고 내 이름을 불러 봐도 예전과 달리 힘만 빠졌다. 퇴임 이후 갈팡질팡하는 나를 향해 스스로 질문을 던졌다.

"너의 정체성이 무엇인가?"

"너의 존재 가치는 무엇인가?"

"너에게 가장 소중한 것은 무엇인가?"

"너는 지금 어떤 삶을 살고 있는가?"

순간 머리가 새하얗게 변하면서 입이 딱 달라붙고 침샘이 막혔는지 입안이 바짝바짝 말랐다. 하루하루 다람쥐처럼 뛰어다니는 모습에 스스로 안쓰러운 마음도 생겼다.

2012년 1월 새벽 3시 30분 태백역에서 내려 유일사 쪽 길로 들어서 태백산을 올랐다. 눈이 유난히도 많이 쌓인 밤길, 바람까지 세차게 불어서 앞을 볼 수 없을 악천후였다. 아무도 없는 산길을 걷는데도 무섭지 않았다. 산짐승 발자국이 눈 위에 선명하게 새겨져 있었다. 새로운 인생을 개척하는 일에 몰두해서였을까, 어떤 것도 눈에 거슬림 없이 스쳐 지나갔다. 내가 살아온 길을 되돌아보면서 인생의 날줄과 씨줄을 엮어보았다.

'왜 부하직원들에게 그렇게 호되게 했을까?'

'상사들과 왜 친하지 못했을까?'

'관련 부서에 왜 그렇게 까칠하게 대했을까?'

'가족들에게는 왜 그렇게 사랑을 베풀지 못했을까?'

'무엇을 위해 애들도 내팽개치다시피 하고 회사에 충성했나?'

후회해봤자 이미 지나간 일이지만 하나씩 반추하면서 한 걸음 걸을 때마다 욕심도 후회도 하나씩 던져버렸다. 칠흑같은 새벽 산 정상에 올랐다. 나의 육체적, 정신적 무게가 가벼워지는 듯한 느낌이었다.

나를 칭찬할 것도 찾았다. 25년 동안 그 누구에게도 뒤지지 않을 만큼 열심히 살았다는 생각이 들었다. 갑작스럽게 회사를 그만두었지만 후회가 생기지 않을 만큼 세차게 달려왔다. 내가 열심히 살았다는 것을 확인하자 내가 잘 살았다는 자부심이 들었다. 후회와 자부심이 씨줄과 날줄로 엮이면서 스스로 치유를 받는 기분이었다. 떠오르는 태양을 보면서 마음의 안정도 찾으려고 해보았다. 한참을 바라보다 산길을 내려오는데 어디에선가 내 귀를 때리는 소리가 들렸다. "욕심을 버리고 현명하고 지혜롭게 살면서 큰 사람이 되어라!" 그러면서 갑자기 머리에 섬광처럼 스치는 말이 있었다. '시끄러운 양은 냄비!'

가슴에 깊은 울림이 있었다. 3개월간 나 자신을 돌아보면서 혼자 시간을 보낸 나에게 내가 들려주는 답변인지도 모른다. 나의 48년의 세월이 한 줄로 요약된 것이다. 앞만 보고 달려온 시간들, 승부욕에 불타서 뭐든지 이기려고 했던 욕심, 앞장서지 않으면 불편했던 순간들, 조직의 성과를 도출한다는 명목 하에 부하직원들을 과도하게 몰아붙였던 일들, 퇴임 이후에도 무언가를 하기 위해 허겁지겁 뛰어다니던 모습들이 눈앞에 스쳤다. 그렇다면 시끄러운 양은냄비에서 앞으로 어떻게 변모해야 할까. 깊이 묵상하는 가운데 마음속에서 떠오르는 말이 있었다. '듬직한 무쇠 솥 같은 삶!'

저절로 고개가 끄덕여졌다. 하지만 내가 과연 이 숙제를 해낼 수 있을지 의문이 들었다. 속전속결의 달인에다 '빨리빨리'라는 부사를 입에 달고 다닌 25년의 시간을 어떻게 무쇠 솥으로 만든다는 말인가? 결국 지금까지와는 완전히 다른 인생을 살아야겠다는 마음이 들었다. 그러자 해답이 바로 떠올랐다. 모두 내려놓기로 했다. 기업에 들어가서 이전과 같은 생활을 하기보다 내가 잘하고, 하고 싶고,

신나는 일을 찾아 제 2의 인생을 디자인해보자는 각오를 다졌다. 그런 결심을 하자 시끄럽게 달려온 25년이 정리되면서 CJ와 기쁜 마음으로 결별할 수 있었다.

조직 생활을 하면서 스스로를 돌아본다. 말은 그럴싸했지만 실제 나를 돌아보고 성찰해 본다는 것이 그렇게 쉬운 일은 아니다. 그러나 특히나 워킹맘에게는 자신을 성찰하는 시간이 필요하다. 왜냐하면 삶 자체가 복잡다단하고 이슈도 주렁주렁 포도송이처럼 달려 나오기 때문이다. 여성리더십 강의를 가면 동물로 자신을 소개하는 시간을 갖곤 한다. 지금까지 살아온 나의 삶을 조명해 보고 지금 현재 나의 삶을 살펴보면서 기쁘면 기쁜 대로 슬프면 슬픈 대로 지금 나의 삶을 대변할 수 있는 동물을 연상한 후에 왜 그렇게 생각했는지, 앞으로 어떤 동물로 변화하고 싶은지를 물어보는 것이다.

대기업 조직의 H차장의 사례다. "나는 지금 백조다. 왜냐하면 물 위에 고고하게 떠다니며 주변을 즐기는 것 같지만 발로는 떠있기 위해 부지런히 발길질을 하지 않으면 안 되는 상황이다. 차장이라는 직함으로 많은 사람들이 인정을 해 주었지만 실제 조직에서 인정받기 위해 밤낮으로 성과를 내기 위해 뛰어다니는 것이 지금의 내 모습이다. 이제 너무 힘들게 살아온 나에게 보상을 해주고 싶다. 앞으로는 하늘을 나는 매가 되고 싶다. 작은 일에 연연하지 않고 큰 그림을 보면서, 넓은 세상도 보면서 여유롭게 성과도 내고 많은 동물에게도 인정받는 그런 매가 되고 싶다." 은유기법으로 자신을 잠시 돌아보는 것만으로도 깊은 성찰을 하게 된다.

　문제 속으로 잠수를 해서 자꾸 허우적대는 나를 건져내는 연습을 해야 한다. 그리고 나를 반조하면서 더 나은 리더로, 엄마로, 아내로 거듭날 수 있도록 부단히 노력해야 한다. 조직에서 성공적으로 롱런하고 싶다면 나를 먼저 살펴야 한다. 나 자신에게 질문하고 답을 하면서 인생의 해답을 찾는 지혜를 찾기를 바란다. 자아 성찰을 하면서 스스로에게 질문을 던져라. 질문하면 답이 나오고 답이 나오면 실행하게 될 것이다.

자성예언이 성공을 불러온다

자성예언(自成豫言, Self-fulfilling prophecy)은 어떤 행동이나 학습을 할 때 주변에서 기대하는 만큼 성취도가 높아진다는 이론이다. 예를 들어 교사가 자신이 담당하는 학생 중 특정학생이 머리가 좋다고 믿으면 그 학생의 성취도가 높게 나타난다는 현상이다. 머턴(R. Merton)이 처음으로 사용한 용어로 자기충족예언이라고도 한다. 피그말리온 효과(Pygmalion Effect)도 비슷한 의미이다. 그리스 신화에 나오는 조각가 피그말리온이 아름다운 여인상을 조각하고 그 여인상을 진심으로 사랑하게 되자 여신 아프로디테(비너스)는 그의 사랑에 감동해 여인 상에게 생명을 주었다. 이처럼 타인의 기대나 관심으로 인해 능률이 오르거나 결과가 좋아지는 현상을 피그말리온 효과라고 한다.

플라시보 효과(Placebo Effect)도 비슷한 개념이다. 플라시보란 말은 '마음에 들도록 한다'는 뜻의 라틴어로 가짜 약을 의미한다. 만성질

환이나 심리상태에 영향을 받기 쉬운 질환에서는 이 플라시보를 투여해도 효과를 보는 경우가 있는데 이를 '플라시보 효과'라 한다. 나 자신에게 적극 적용해 보면 좋을 듯하다.

론다 번의 『시크릿』은 간절히 원하면 이룰 수 있다는 확신을 준 책이다. 긍정적인 생각과 간절한 마음이 만나면 불가능을 가능하게 만든다는 비밀을 알려주었다. 책에서 가르쳐 준 '끌어당김의 법칙'을 가동하여 나의 삶을 바꾸어 나갔다. 2008년 이 책을 읽었을 당시 나는 빕스(VIPS) 사업부장으로 부임하였다. 그 전까지 나는 CJ제일제당에서 기획, 전략, 관리 등 지원업무를 주로 맡았다. 필드에 나가 현업을 맡고 싶은 바람이 있었다. 2006년 CJ푸드빌 경영지원실장을 맡으면서 현업과 좀 더 가까워 졌지만 여전히 목이 말랐다.

2년간 경영지원실장으로 일하고 있을 때 드디어 나에게 CJ푸드빌의 간판 브랜드인 빕스 사업부장 자리로 발령이 났다. 꿈에도 그리던 브랜드 매니저가 된 것이다. 물론 지원부서가 있기는 하지만 매출, 손익관리, 마케팅, 인력관리 등 전체를 관할하는 브랜드 사장이 된 것이다. 현장에서 열심히 뛰어 실적을 많이 올려보고 싶었던지라 의욕이 마구 솟았다. 회사에서 나를 믿고 일을 맡겨준 만큼 열심히 하리라는 각오를 다졌다. 사업부로 첫 출근하던 날 자신만만했다. 지원업무를 하면서 이론적으로 이미 빕스의 모든 것을 파악하고 있었기 때문이다. 어떻게하면 매출이 오를 것이라는 청사진이 머리에 그려졌다. 이제 열심히 뛰어 실적만 올리면 되는 일이었다.

하지만 현장에서 일을 시작하자 내 예상은 빗나가기 시작했다. 사무실에서 지원업무를 할 때는 알 수 없었던 일들이 툭툭 터지기 시작했다. 매일 현장에서는 사건 사고가 터졌고 고객만족지수는 뚝뚝 떨어졌다. 직원들은 내 마음같이 움직여주지 않았고 매출이 생각만큼 오르지 않아 경영진의 눈총이 따가웠다. 책상에 앉아 우아하게 기획 전략 업무만 하다가 몸으로 부딪치며 현장을 뛰자니 여기저기서 잡음이 생기기 시작한 것이다. 브랜드를 총괄하는 나를 모두들 불안한 눈으로 바라봤다. 누구 하나 따뜻한 말 한마디 건네지 않았고 다가와 손 잡아주는 사람도 없었다. 550명이나 되는 사업부원들은 '새로 부임한 여자 사업부장이 얼마나 잘해내나 보자'는 의심어린 눈초리만 보냈다.

자신감은 어디로 가버리고 도망가고 싶은 마음뿐이었다. 사면초가의 상황이 계속 이어지면서 사표를 던지고 싶은 마음까지 들었다. 나는 최선을 다해 뛰는데 실적은 오르지 않고 주변의 시선은 따가워지기만 하자 '내가 무슨 영광을 바라고 이러나' 싶은 생각에 끈을 놓아버리고 싶은 마음뿐이었다. 그때 만난 책이 『시크릿』이었다. 그 책을 읽으면서 자성예언과 피그말리온 효과, 플라시보 효과 등에 대해서도 많은 연구를 했다. 결론은 '도망가지 말고 극복하자'였다. '이 상황을 극복하지 못하면 내 인생에 앞으로 어떤 난관이 올지 모르는데 계속 패배자가 될 것이다' 이런 생각을 하니 오싹했다. 20년 동안 지원부서에서 좋은 성과를 얻었는데 현업에서도 성공하지 못

할 이유가 없다며 나 자신을 부추겼다.

자신감을 갖고 아침마다 나의 소원과 간절함을 빌었다. "너는 성공할 수 있어!"라며 자성예언을 한 것이다. 매일 아침 차 시동을 켜고 백미러로 내 눈을 보면서 이렇게 외쳤다. "상임아 너는 아주 잘할 수 있다. 네가 가진 게 얼마나 많아. 넌 이 브랜드를 꼭 정상화시킬 거야. 지금처럼 올곧은 마음으로 진심을 다하면 분명 빕스는 궤도에 오를 거야. 너는 빕스인의 등대가 되어야 해. 난 널 믿는다. 너의 진심이 통할 거야. 결국 위너가 될 거야. 아자아자 파이팅!" 아침마다 나 스스로를 향해 외치며 용기와 힘을 북돋았다.

거의 1년간 매일 나를 향해 외치고 또 외쳤다. 누군가 몰래 카메라를 찍었다면 미친 여자의 모습이었을 것이다. 내가 불어넣은 용기를 가슴에 가득 품고 출근하면서 당당해 지기 시작했다. 처음에 당황하고 주눅이 들어있던 내가 점점 용기백배해지자 모두들 이상하게 생각했다. 실적이 좋지 않은 데도 활짝 웃으며 어깨를 펴고 당당하게 웃는 나를 보고 당혹스런 표정을 짓는 직원도 많았다. 실적이 좋지 않으면 브랜드장의 어깨는 축 처지기 마련이다. 하지만 나는 '아직 초창기니까 금방 좋아질 거야. 잘 할 수 있어. 잘 해낼 거라고 믿어'라며 끊임없이 자성예언을 하며 그 기간을 이겨냈다.

강의나 코칭 현장에서 만나는 사람들에게 자성예언을 권한다. D중공업의 고참 부장의 경우 나와 눈을 마주치지 못했다. 말도 입안에서 웅얼웅얼거려 알아듣기 힘들었다. 자세도 꾸부정하고 얼굴은 수심이 가득했다. 대기업 부장의 모습이라고 보기 힘들었다. 그 부장에게 자세를 바르게 하고 상대방을 압도할 정도로 눈에 힘을 주라고 요청했다. 그리고 산에 올라가 소리를 질러 마음속의 잔재를 씻어버리라는 숙제를 내줬다. 앞으로 자신이 이루고 싶은 것과 변화해야 할 행동 5개를 글로 써보게 했다. '큰소리로 얘기한다. 목청껏 소리 질러본다. 말을 할 때 힘주어 또박또박 한다. 잘 할 수 있다고 소리친다. 스스로를 믿는다'

이 다섯 가지를 날마다 외치고 실제로 행동하게 했다. 그러고 나서 3개월 후에 놀랄 정도로 확 바뀌었다. 누구와 만나든 눈을 바라보고 또박또박 말하자 상대방이 먼저 '변했다'고 했다. "그냥 조용히 지내는 편이었는데 자세를 바르게 하고 힘주어 말하는 것만으로 상대방이 좋아해주니 자신감이 생기더군요. 이상하게 용기가 많이 생깁니다. 덕분에 회사 생활이 아주 유쾌해졌어요." 부장님의 말에 나도 몹시 기분이 좋아졌다.

마틴 샐리그먼은 그의 저서 『긍정심리학』에서 '긍정적인 마인드 자체가 내 삶을 바꾼다는 것 나는 강하게 믿는다'고 말한다. 코칭 교육을 할 때면 교육장에서 두 팔을 벌리고 소리를 지르거나 격문을 외치게 한다. "나는 잘난 사람이다." "나는 잘 할 수 있다." 그러면 실제로 참석자들이 정말 강한 에너지를 발산하면서 큰 변화의 시작종을 친다. 내가 잘났다는 것을 인정하고, 내가 이루고 싶은 것을 찾고, 나를 세우는 말을 찾아내어 매일매일 자성예언해 보라. 어느 순간 자신도 모르게 활력이 넘치는 순간들이 다가올 것이다.

내가 이루고 싶은 다섯 가지를 정하라. 그리고 거울 앞에 서서 큰 소리로 외쳐라. 귀로 듣고 눈으로 보고 가슴에 새기면 온전히 내 것이 된다. 얼마 지나지 않아 변화된 나를 만날 것이다. 스스로가 변화하면 당연히 자녀들에게도 접목하게 된다. 엄마의 성공 경험 없이 자녀들에게만 종용하는 것은 효과가 미미하다. 왜냐하면 성공을 한 경험이 있으면 자녀들에게 진정성있게 얘기할 수 있으니 말이다.

제 3 장

현명한 워킹맘,
조직에서도 승승장구
하라

- 워킹맘, 감성리더십으로 정치(情治)하라
- 360도로 피드백을 받아라
- 이력서로 나를 업그레이드 하라
- "자랑스런 워킹맘, 나"를 브랜딩하라
- 가슴 설레는 꿈을 디자인하라

워킹맘,
감성 리더십으로 정치(情治)하라

정치(政治)는 나라를 다스리는 일, 국가의 권력을 획득하고 유지하며 행사하는 활동으로 국민들이 인간다운 삶을 영위하게 하고 상호 간의 이해를 조정하면서 사회질서를 바로잡아 나가는 역할을 한다. 정치에 대한 시각은 남성과 여성이 확연히 다르다. 조직에서 정치란 여성들에 특히나 민감하다. 남성들은 군대문화, 학연, 지연 등 하나의 습관으로 굳어진 수직적 서열문화에 익숙하다. 조직에서 위계질서를 존중하고 때로는 윗사람을 위해 양보하거나 옹호하는 언행이 어색하지 않다.

나는 신입시절부터 좌충우돌 참 시끄럽게 회사생활을 한 것 같다. 대상이 상사든 동료든 부하든 정의롭지 못하다고 생각한 일은 꼭 짚고 넘어갔다. 주무대리 시절에 경비관리를 주관했다. 한 부장님이 자꾸 간이영수증에 금액을 적어서 주셨다. 분명 아닌데 싶었지만 그

땐 간이영수증도 공식증빙자료였던지라 울며 겨자 먹기 식으로 처리를 해 드리곤 했다. 어느날 정말 이상한 영수증이 내 손에 들어왔다. 삼성공제회관에서 발행한 건데 전화기를 구입한 영수증이었다. 그 부장님에게 다가갔다. "부장님, 이 전화기 구매하신 영수증은 잘못 주신 듯합니다. 이건 처리하기 힘듭니다." 그 부장님 얼굴은 시뻘겋게 달아올랐고 그때부터 나는 미운털이 박혔다. 그래도 후회하지는 않았다.

과장시절에 부당하게 고과를 처리한 임원에게도 양보는 없었다. 연간 종합고과를 처리하면서 빚어진 마찰이다. 나는 상반기에 A고과를 받고 하반기에는 B고과를 받았다. 종합고과는 최소한 B가 나와야 한다. 그런데 C였다. 최종고과자인 상무님에게 항의를 했다. S대 김모 과장을 밀어주느라 나를 후순위로 놓았단다. 그러면서 그 상무님이 이런 얘기를 했다. 김과장은 맞벌이고 승진도 잘했으니 이번은 양보하라는 것이다. 그러면 미리 양해를 구해야 하는 거 아닌가? 그 당시에는 윗사람에게 반기를 들거나 의견을 개진하는 행위가 거의 금기시되었던 시절인지라 그런 것을 물어보는 것 자체도 당황스러운 상황인데 따지듯이 물었으니 얼마나 괘씸했을까 싶다. 주니어 워킹맘 시절에는 그것이 정답인줄 알고 기고만장했던 나를 반성해 본다.

지금 그 시절로 돌아간다면 눈치껏 정치적으로 행동하면서 내 실속을 차렸을 것이다. 당시에는 조직의 생리를 몰라도 너무 몰랐다.

남자였다면 절대 그렇게 하지 못했을 것이다. 그냥 덮던지 다른 방법을 찾았을 것이다. 많은 여성들은 직장생활을 하면서 정치라는 단어에 알레르기 반응을 보인다. 삼성그룹 공채로 입사를 해서 차장으로 승진하기까지 꼬박 16년이 걸렸다. 그 기간 동안 결혼하고 아이를 둘 낳은 아줌마가 되었는데도 나는 결혼 전보다 더 열심히 일했다. 거의 옆과 뒤도 안보고 앞만 보고 마구 달렸다.

내가 겨우 한숨을 쉬고 옆과 뒤를 돌아보게 된 건 차장으로 승진하여 보직을 맡게 되면서부터였다. 나에게 확실한 책임이 지워지니 '리더십'에 대해 생각하게 되었다. '내가 맡은 팀은 뭐가 달라도 달라야 한다. 인정받아야 한다. 튀어야 한다' 이런 각오 아래 과장 때보다 더 강하게 부하직원들을 몰아붙였다. 오로지 앞만 보고 달리는 내 스타일을 직원들에게 강요했다. 모든 것을 결과 중심으로 끌고 나갔다. 과정이야 어떻든 결과만 좋으면 됐다. 남녀가 다르고 개개인마다 성향의 차이가 있는데 오로지 목표를 향해서 달리며 성과주의로 일관했다. 그러다가 주변의 동료 팀장들을 보니 나와 다르다는 것을 인식하게 되었다. 뭔가 변화가 필요했다. 일은 폭풍같이 몰아치되 감정만큼은 다치지 않도록 해야겠다는 생각을 하기 시작했다.

그러면서 스스로 나는 사람의 마음을 사는 리더가 되겠노라 다짐을 하고 정치(政治)가 아닌 정치(情治)를 하기 시작했다. 마음으로 정으로 우리 팀을 이끌어보고자 했다. 워킹맘이라는 무기를 가지고 말이다. 직장인들에게 휴식도 필요하고 위로도 필요하고 감정을 읽어

줌도 필요하다. 삭막한 현실에 감성적 리더십이 효과를 발휘하기 안성맞춤이었다. 가정사를 물어봐주고 자녀들의 대소사를 작은 선물과 함께 챙겨주면서 우리는 인간적으로 친근해지기 시작했다. 일할 때는 열심히 하더라도 가족과 같은 분위기를 만들기 위해 애썼다. 사석에서는 호칭을 누님, 동생으로 부르고 직원들의 대소사 챙기는 일에도 열심이었다.

그런 노력 덕분에 팀 조직문화 점수가 그룹 내 10위 안에 들만큼 화기애애했다. 일하는 방식도 파트너 방식으로 진행했다. 과제가 떨어지면 모두 모여 회의하고 스토리 라인을 잡고, 목차 잡고 팀장인 나도 한 꼭지 담당하는 구조로 계획하고 모두가 하나가 되어 과제를 수행하곤 했다. 그러면서 우리는 최강의 팀워크를 자랑하는 팀이 되었다. 직급으로 관리한 것이 아니라 마음으로 그들을 감싼 덕분이 아닐까 싶다.

삼성의 이병철 회장님은 21세기는 여성리더십을 필요하다고 예견하면서 80년대 후반부터 전략적으로 여성인력을 채용해서 육성했다. 그 21세기가 지금이다. 우리는 현재 초다양성의 시대를 살고 있다. 특히 조직에서 부하사원으로 포진되어 있는 신세대들은 우리와 다른 DNA를 가지고 있다. 창의적이고 예술적이고 신념이 매우 강한 친구들이다. 그들에게는 '나를 따르라'는 식의 찍어 내리는 리더십은 통하지 않는다. 잘 들어주고 질문하고 인정·칭찬하는 코칭형 리더십에 적합한 인재들이다. 즉 감성리더십이 통하는 세대들이다. 이러한 측면에선 여성들 특히 워킹맘들이 리더의 자리에서 신세대들의 감성을 건드려 더 많은 가능성을 표출할 수 있도록 하는 영향원이 되어보면 어떨까 싶다. 그리고 정치는 무조건적으로 나쁜 것이라고 폄하하기보다는 소통의 한 방식이라고 이해하고 나만 정치 스타일을 개발해 보면 좋겠다.

김상임이 정치(情治)기술 10선

1. 가족의 안부를 자주 묻고 결혼기념일이나 자녀들의 입학·졸업 등을 챙긴다. 회사경비가 아닌 사비로 작은 선물을 준비하는 것이 좋다. 손편지나 손카드로 마음을 전하는 것도 효과적이다.

2. 영혼없는 인사는 지양하고 진심어린 인사로 상대의 긍정성을 올린다. 복장이나 헤어스타일, 얼굴표정 등을 읽고서 연결해서 인사를 건넨다. "넥타이가 아주 멋져요. 오늘 좋은 일이 있나봅니다." "안녕하세요? 오늘 화장이 완전 짱입니다."

3. 인정칭찬을 아끼지 않는다. 특히 현장에 있는 말단 직원들에게는 아주 작은 칭찬이 큰 동기부여가 된다. 작은 칭찬을 조직적으로 진행하면서 영웅을 만들어주는 전략이 주효하다.

4. 부하사원이 진행한 업무를 낚아채지 않는다. 상사가 최종 보고하는 경우가 많아 자칫 성과를 독식했다는 오해를 사는 경우가 많다. 가급적이면 보고시 배석시키고 그렇게 못할 경우에는 반드시 당사자에게 보고결과와 피드백 내용을 공유하고 칭찬과 격려를 한다.

5. 주어를 '우리'로 사용한다. 리더가 '나'라는 주어를 은연 중에 사용하다 보면 자기중심적으로 비쳐질 가능성이 높다. 우리라는 주어를 쓰면 자연스레 팀 빌딩도 되고 결속력이 강화된다.

6. 자기계발을 위한 이벤트를 준비한다. 팀 단위로 같이 할 수 있는 역량개발 과제를 선정해서 자투리 시간을 이용해서 같이 공부하는 시간을 갖는다(독서토론회, 영어회화, 중국어 기초배우기 등).

7. 진심어린 사랑의 피드백을 해 준다. 직장인들은 자신을 돌아볼 기회가 없다. 객관적인 시각에서 직장인으로서 바람직한 모습을 세련되게 말해 준다. 피드백할 때는 3단계 프로세스로 접근하자 "내가 피드백하나 해도 될까?" 묻고 사실을 이야기하고, 내 감정을 얘기하고 앞으로 어떻게 개선했으면 좋겠는지를 진솔하게 얘기한다. 마지막으로 "내가 지금까지 얘기한 것에 대해 어떻게 생각하는지?"를 묻는다.

8. 어려운 일에 봉착했을 때 부하사원 편이 되라. 문제가 발생하면 면피하는 리더들이 많다. 화살을 당사자에게 돌리는 경우가 있다. 신뢰가 금가는 시발탄이다. 어려울 때 안아줄 수 있는 마음이 필요하다.

9. 가족과 같은 분위기를 만든다. 구성원을 직장동료로만 보지 말고 동생, 조카, 아들, 딸이라고 생각하고 보라. 측은지심이 생기면서 진정성 있는 리더십을 발휘하게 된다.

10. 나를 오픈해라. 리더도 힘들구나, 우리와 같은 사람이구나 하는 정서를 나누라. 특히 워킹맘으로서 고충도 나눠라. 나약한 리더가 아니라 열린 리더로 환영받는다.

360도로 피드백을 받아라

『사람을 이끄는 힘』의 저자인 로버트 캐플런은 구성원들의 성장을 위해서는 상사의 진심어린 피드백이 필요하다고 강조한다. 높은 직급으로 올라가는 사람들도 피드백을 받아야 함을 강조하면서 "높은 직위로 올라가면 하부 구성원들에게 피드백을 받아야 한다."며 부하사원으로부터 피드백을 받을 것을 권하고 있다.

CJ제일제당에서 근무할 당시 리더들은 360도 다면평가를 받곤 했다. 상사 · 동료 · 부하사원들이 리더십에 대해서 서면으로 평가한다. 360도 리더십 다면진단 결과를 받아보면 항상 참담했다. '일방적이다, 일을 너무 몰아친다, 기다려주지 않는다, 어렵다' 등 마음에 담기 힘든 피드백들이 줄줄이 나열되어 있었다. 위로 올라갈수록 평판 관리도 중요했다. 피드백을 받고 열심히 나름대로 개선노력을 한다고 해도 매년 결과는 동일했다.

뭐가 잘못됐을까 곰곰이 생각하다가 머리를 스치는 생각이 있었다. 서면으로 받는 피드백은 누가 왜 그런 평가를 했는지 알 수가 없었다. 내가 아무리 개선해도 그 당사자는 인지할 수 없으니 평가 결과가 매년 같을 수 밖에 없는 것이다. 그래서 작전을 세웠다. 내가 직접 나의 단점을 물어보고 하나하나 개선하기로 했다. 나만의 피드백 시스템을 가동하기로 한 것이다. 그 이후 새로운 조직에 부임을 하게 되면 개인적으로 상사 1명, 동료 여성 1명, 남성 1명, 부하사원 2명 등 총 5명을 정했다. 그들에게 부정적 피드백을 요청했다. 내가 어떤 점을 고쳤으면 좋을지를 묻는 것이다. 처음에는 뻔한 의견뿐이었다. 특히 부하직원들은 "괜찮은데요. 고칠 거 없는데요."라며 어색한 답변만 했다.

내가 한두 번 요식행위로 그치는 것이 아니라 진심으로 피드백 받기를 원한다는 마음을 알게 되면서 분위기가 달라졌다. 깊이 있는 얘기들을 너게 해주었다. 처음에는 해도 그만 안 해도 그만인 피드백이 많았다. 예를 들면 너무 일찍 출근하고 야근도 많이 하시어 부담이 된다. 주말에는 이메일을 안 보내면 좋겠다. 리더인 내가 기분 나빠할 피드백은 최대한 눌러놓았다. 일단 그들이 지적해 준 행동을 개선했다. 중요한 것은 변화된 나의 행동을 피드백한 사람에게 직접적으로 알리는 것이다. "지난번 김대리가 지적해 준 주말에 메일 보내는 거 한 달간 안했는데 어땠어요?" 기억도 못하는 경우가 다반사였다. 부하사원이 마지못해 말한 부정적인 피드백을 리더가 받아들여서 행동변화를 실천했다는 말에 놀라는 기색이 역력했다.

그 다음부터는 내가 피드백을 요청해도 어려워하지 않고 폐부를 찌르는 피드백을 해주곤 했다. 그야말로 사랑이 담긴 피드백이었다. '입 다물고 일하는 모습을 보면 너무 무섭다. 전날 술을 만취하도록 마셔도 정시에 출근하는 모습에 가슴 막힌다. 무엇이든 팀장님 마음 대로 결정한다. 일 욕심이 많다. 워커홀릭으로 보인다. 밤낮없이 보내는 이메일이 불도저 같다. 좋을 때는 한없이 좋은데 한번 화가 나면 활화산이다. 전략·기획업무를 따라가기 힘들다. MBA를 꼭 했으면 좋겠다. 경영진 보고 시에는 프레젠테이션에 깊이를 더해 주셔야 한다' 등등 수없이 많았다. 모든 것을 개선할 수는 없었다. 매번 피드백 받은 내용 중 그들이 느낄 수 있고 변화속도가 빠른 과제를 골라서 개선하고 그들에게 확인을 받는 과정을 계속했다.

또 하나의 에피소드가 생각난다. 2007년 봄이었다. CJ푸드빌의 경영지원실장을 할 때다. 종업원이 1000명이 훨씬 넘는 회사의 경영지원실장이다 보니 항상 긴장감이 맴돌았다. 갈수록 경직되어가는 나를 살짝 느끼던 시점이었다. 여성 후배 4명이 시장조사 겸 청담동에서 저녁을 사달라고 했다. 바쁜 일정을 쪼개서 현업 동향도 알아볼 요량으로 흔쾌히 수락하고 약속장소로 갔다. 수다를 떨고 회사 돌아가는 얘기도 하고 분위기가 무르익을 무렵에 메뉴개발을 하는 친구가 입을 열었다.

"실장님 저희가 한 가지 부탁드릴 게 있는데……"

말끝을 흐렸다. 곤란한 요청이 있나보다 생각하고 뭐든지 부담 없이 얘기하라 했다.

"후배들이 실장님이 너무 무섭대요. 그리고 검정색 투피스에 칼라와이셔츠 너무 조직냄새가 나고요. 헤어스타일도 너무 딱딱해요. 안경도 사감 선생님 같아요. 스타일을 변신하시면 안돼요?" 완전 대충격이었다. 나름 신경 쓰고 있다고 생각했는데 말이다. 어쨌든 속으로는 충격이었지만 의연하게 받아들였다. 그들이 고마웠다. 나를 사랑하는 마음이 느껴졌다.

다음날이 토요일이었다. 유명 헤어숍에 가서 웨이브파마를 했다. 안경점에 가서 콘택트렌즈를 샀다. 컬러풀한 재킷도 장만했다. 그리고 월요일에 출근하자 완전 서프라이즈 하다며 난리가 났다. 나는 마음만 먹으면 해내는 실행력이 높은 사람이다. 그들에게 고마운 마음을 표현하는 방법이 나의 변신이라고 생각했다. 금요일에 피드백 받은 내용을 주말에 개선하고 그들 눈앞에 나타났을 때 놀라움을 금치 못했던 후배들 얼굴이 생각난다. 그러면서 나는 많은 우군을 만날 수 있었다. 피드백받으면 어떤 형태로든 행동변화를 했고 그 결과를 그들에게 다시 피드백하면서 감사함을 전하는 전략이 효과를 발휘했다.

지금도 그때 동료들을 만나면 "부장님 시절에 아주 획기적이었어요. 잘못하고 있는 것을 부하사원에게 물어보고 그걸 개선해서 다시 얘기해주고 하는 건 당시 분위기로 생각도 할 수 없는 행동들이었어요. 근데 우리 얘기를 들어준다는 것을 안 이후부터 회사에 대한 제안이나 마음속에 있는 얘기를 많이 한 것 같아요."라고 말한다. 나 또한 그들에게 감사한 마음이다. 내 곁에서 그러한 쓴 소리를 해주지 않았다면 아마도 낙동강 오리알처럼 전전긍긍하다가 중도포기하고 회사를 그만두었을지도 모른다.

워킹맘들에게 특히나 360도 피드백 시스템을 가동해 볼 것을 추천한다. 조직에서 여성들은 외롭다. 상대적으로 인적 네트워크도 안되어 있고 회사 돌아가는 사정에도 어둡다. 혼자 하는 일은 잘하지만 조직을 이끌어서 강력한 팀워크로 성과를 만들어내는 리더십은 위로 올라갈수록 힘들어진다. 여성동료들이 하나들 퇴직을 하면서 더욱 의지할 곳이 없어진다. 이럴 때 객관적으로 피드백을 해줄 수 있는 남성 동료를 찾아보는 것이다. 여성으로서는 볼 수 없는 다양한 시각의 피드백을 받을 수 있다.

나는 과장시절부터 콩이야 팥이야 잔소리를 해준 동료가 있다. 지금은 이브자리 부사장으로 있는 민병우씨다. 그는 내게 '남성 부하사원들에게는 가끔 여유를 주라' '술 마시고 늦게 나와도 한번쯤은 눈감아 주라' '비선의 정보를 알려주어야 충성한다' '일할 때 협업 시스템을 가동해라' '과도하게 밀어붙이지 마라' '술도 마실 줄 알아야 한다' 등 여성리더가 놓칠 수 있는 주옥 같은 조언을 해주었다.

부하사원들에게도 마찬가지다. 리더가 피드백을 요청하고 개선하고 다시 알려주면서 자꾸 소통의 기회가 만들어지기 때문에 자연스레 소통도 되고 조직의 활력도 생긴다. 내가 경험했기 때문에 자신 있게 말할 수 있는 부분이다. 직접 피드백을 받고 개선활동을 한 이후에는 피드백 결과가 확연히 좋아졌고, 선순환적인 영향을 미쳤다.

이력서로 나를 업그레이드 하라

워킹맘이면서도 나는 부단히 자기계발을 했다. 새벽시간을 적극적으로 활용했다. 과장 시절에 선배의 "매년 이력서를 써봐라. 그러면 마음가짐이 달라질 것이다."라는 충고를 마음에 닫고 살아서일 것이다. 해마다 이력서를 작성해서 보관하는 습관이 생겼다. 매년 이력서를 작성한다는 것은 어떤 의미인가? 이력서를 쓸 때마다 내가 어떤 삶을 살고 있는지, 어떠한 성과를 냈는지, 얼마나 역량이 개발되었는지 한눈에 파악할 수 있었다. 열심히 살아온 해엔 이력서에 작성할 것이 많다. 반대인 경우에는 이력서에 채울 것이 없었다. 매년 이력서를 써내려가면서 리더에게 요구되는 역량을 하나둘 채워갔다. 엄마, 아내, 며느리 역할을 병행하면서도 회사에서는 과장으로 차장으로 부장으로 승진을 했던 것은 아마도 이 이력서로 스스로 역량강화를 한 덕분이 아닐까 싶다.

오지랖이 넓은 나는 같이 일하는 동료나 부하사원들에게도 이력서로 자신의 가치를 올리라고 요구하곤 했다. 현업도 힘든데 무슨 자기계발이냐며 볼멘소리를 내는 사람도 있었지만 많은 친구들이 이력서 덕을 꽤 봤다. 빕스 사업부장 시절에 팀장, 점장들이 그들의 역할에 비해서 역량이 균형적이지 않은 사람들이 많아 부하사원에게 이력서를 작성해서 제출하도록 했다. 대부분이 A4지 반장을 넘기지 못했다. 입사, floor 경력, Kitchen 경력, 대리·과장 승진 등이 전부였다.

당시 그들에게 강하게 물었다. "만약 이 회사가 아니라면 당신들은 어디에 갈 것인가? 헤드헌터 업계에 당신들의 이력서는 얼마짜리가 되겠는가?" 스스로 자신의 가치를 생각해보라고 권했다. 스스로의 가치를 높이기 위해 무엇을 해야 하는지, 어떤 학습이 필요한지 등등 실제 이력서를 써본 후배들도 자신의 현주소를 인식했다. 그런 다음 어학, 마케팅, 재무 분야 등 목표를 세워 도전하는 모습을 보면서 기뻐했던 기억이 새롭다. 그 이후에도 몇몇 사원들은 매년 이력서 쓰는 습관을 버리지 않고 계속 해오고 있다.

2011년 11월에 25년간 몸담아왔던 그룹에서 갑작스럽게 퇴임통보를 받았다. 아직 내가 할 일이 남았다고 생각해왔던지라 당황스러우면서 조금 원망스럽기도 했다. 몇 개월을 방황하면서 여기저기 기웃거리기도 했다. 이력서를 정리하면서 새로운 의욕과 인생 이모작에 대한 또 다른 도전이 나를 자극했다. 인재육성에 남다른 투자를 하는 회사가 다양한 교육을 받게 해준 것이 더없이 고마웠다. 게다가 교육받은 내용을 현업에 적용해서 효과를 본 경험도 많았다. 그 덕분에 퇴임과 동시에 다양한 강의와 코칭을 진행하고 있다. 지금의 내가 있기까지 많은 투자를 해준 회사에 진심으로 감사하다.

워킹맘들 중에 육아 등을 이유로 퇴직하는 경우를 자주 본다. 이력서를 매년 관리하다 보면 몇 년간 휴직을 하더라도 또 다른 도전의 마음을 놓지 않는다. 왜냐하면 이력서를 관리한 만큼 자신의 브랜드 가치가 분명 올라갔으니 말이다. 퇴직을 하더라도 다시 사회생활을 할 것을 대비해서 이력서를 채워가면서 관리하면 좋겠다. 경력단절 여성들을 대상으로 강의나 코칭을 하면서 아쉬운 것은 완전히 손을 놓고 5~10년 가정주부로 생활하다가 애들을 대학교에 보내고 난 후 일을 찾아보고자 하는 것이다. 그때는 이미 사회생활의 리듬이 깨진 후다. 회사를 다니든 잠시 휴직을 하든 퇴직을 하든 이력서는 매년 작성하도록 하자. 그 이력서가 나의 가치를 알려주는 것이고 브랜드력을 강화해주는 단초가 되니 말이다.

주변에서 인생 이모작을 고민하는 이들이 많다. 퇴임하자마자 새로운 일을 준비해서 인생 2막을 잘 열고 있는 비결이 뭐냐고 묻는 이들도 있다. 나는 조금의 망설임도 없이 "회사 다닐 때부터 나의 경력을 개발하고 관리하려고 매년 이력서를 썼다. 매년 3~5개의 역량강화 활동을 추가할 것이라는 목표를 세우고 자기계발을 해왔다. 무엇보다도 회사에서 한 많은 경험이 '나'라는 브랜드를 만들어가는데 핵심적인 역할을 했다."라고 말한다.

『일의 미래』의 저자인 린다 그래튼은 10년 후의 세상을 예상하면서 더 이상 한 가지 역량이나 직업으로는 살기 어려운 시대가 도래한다며 경종을 울리고 있다. 직장 생활에서 쌓은 지식과 역량을 활용할 수 있는 제2의 직업, 인생 제2막을 준비해야 하며, 또다시 60대 이후에 즐길 수 있는 제3의 직업을 계획해야 한다며 여러 개의 종(鐘)이 늘어선 '편종형 곡선(carillon curve)형'의 자기계발을 고려해야 한다고 강조하고 있다.

회사에서도 가정에서도 마찬가지이다. 내가 무엇을 잘 하는지, 어떠한 특기가 있는지 무엇을 하고 싶은지를 물으면서 이력서를 써보고 부족한 내용을 보완하는 삶을 살게 되면 일하고 싶은 순간 기적처럼 나에게 새로운 일자리가 생긴다. '나중에 하지'라는 생각을 버리고 짬짬이 자신을 돌아보고 담금질을 하게 되면 분명 당신에게는 멋진 기회가 올 것이다.

퇴임당시에는 CJ그룹의 경력과 코칭교육을 받은 것이 전부였다. 이력서 관리를 하면서 목표가 생겼다. 국제인증코치가 되고 석사학위 도전 등 많은 일들은 2년 만에 이루었다. 2012년 당시 강사료는 시간당 2~30만원에 불과했다. 국제코치로 임원코칭으로 경력을 쌓은 지금은 시간당 50~100만원을 받는다. 나의 시장가치가 3배이상 오른 것이다.

인생 이모작이 목표가 아니더라도 대리에서 간부로 또 임원으로 승진하기 위해서는 전문분야에서 탁월한 성과는 기본이고 경영, 관리, 전략, 마케팅, 생산 등 경영 전반에 대한 지식이 필요하다. 이력서를 작성하면서 미래 경영자가 되기 위해 필요한 역량을 개발하면 도움이 될 것이다.

의도한 것은 아니지만 이력서 관리를 하면서 역량개발 포트폴리오를 관리한 덕분에 퇴임 당시 나에게는 CJ그룹에서의 다양한 경험과 전문코치로서 활동을 할 수 있는 기반이 만들어진 상태였다. 인생 2막을 장식할 코칭이 없었다면 나는 퇴임통보에 대한 불만에 차서 슬픈 인생을 살았을 것이다. 호숫가에 아련히 떠오르는 물안개처럼 내 가슴을 두드리는 무언가가 있었다.

이력서를 정리하면서 확실한 목표를 세우게 되었다. 전문코치로서 새로운 삶을 살자고 말이다. 목표를 정하고 나니 해야 할 과제들이 파도처럼 밀려왔다. 코칭 MBA를 하고 열과 성을 다해 코칭에 몰입했다. 국제코치로서 기본적인 인프라를 완비하는데 딱 2년이 걸렸다. 놀라운 일이다. 2년 동안 1,000시간 넘게 코칭을 한 것이다. 지금도 가끔 '이력서 관리가 나를 키웠고 지금의 나를 만들었다'고 생각한다.

워킹맘들에게 지금의 현실과 다가올 미래를 생각하면서 스스로를 개발하고 준비해 나갈 것을 권한다. 현실을 회피하기 보다는 적극적으로 미래지향적인 생각으로 디자인해 보면 좋겠다. 회사에서도 그렇고 가정에서도 마찬가지이다. 내가 무엇을 잘 하는지, 어떠한 특기가 있는지, 무엇을 할 때 즐거운지를 확인해야 한다.

직장에서의 경험은 엄청난 자산이다. 제2의 직업을 고려할 때 약방의 감초와 같은 역할을 하게 된다. 오늘 당장 이력서를 작성해 보자. 그리고 냉철하게 판단해 보자. 내가 CEO라면 나를 승진시키겠는가? 스카우트 하겠는가? 차장까지는 모르겠지만 부장으로 승진하기 위해서는 자신의 특화된 전문성과 함께 경영자로서의 역량도 필요하다. 임원 또한 마찬가지다. 역량이 강화되면 회사 내에서도 자신감이 생긴다.

반대인 경우엔 위축될 수 있다. 매년 나를 담금질하는 활동으로 이력서를 써보면 어떨까 싶다. 매년 나를 업그레이드 하면서 역량을 강화하는 삶을 살게 되면 일하고 싶은 순간 기적처럼 새로운 기회가 몰려온다. 편종형 곡선형 자기계발을 하면서 회사에서도 잘나가는 워킹맘, 멋진 미래도 같이 준비하는 워킹맘이 되자.

"자랑스런 워킹맘, 나"를
브랜딩하라

『대한민국의 최고들은 왜 잘 하는 것에 미쳤을까』의 저자인 이근미 작가는 성공한 사람들은 설명이 필요없다고 강조하고 있다. 명함을 몇 장씩 들고 다니는 것은 결국 자신의 존재감을 부각시키기 위해 많은 설명이 필요하기 때문이란다. 공감되고 실감하는 이야기다. 전문코치로 활동한지 2년 정도 되었다. 지금은 나를 소개하는데 많은 설명을 필요로 한다. 과거에 조직에 있을 때는 어느 회사에 어디 본부장이라고 하면 통했다. 지금은 코칭이 뭔지, 어떻게 하는 것인지 등 나를 소개하는데 몇 마디를 첨언하지 않으면 상대가 이해를 하지 못하는 경우가 많다.

양성평등교육진흥원 주관으로 많은 기업에서 여성리더십을 강의하고 있다. "힘들다고 섣불리 회사에서 나오지 마세요. 조직이라는 울타리가 나에게 얼마나 따뜻하고 고마운 존재였는지 저도 나와서야 통감했습니다. 용감한 퇴직은 후회를 가져옵니다. 그 용기로 회사에서 승승장구 하시기 바랍니다." 진심으로 하는 말이다. 조직이라는 우산이 나에게 얼마나 많은 것을 가져다주는지 퇴직을 해야만 알게 된다. 애들 생각하면 이것저것 가릴 것 없이 퇴직이 최선인 것처럼 생각되지만 애들이 엄마의 손길을 필요로 하는 시기는 한정적이다. 평생 그들이 엄마를 필요로 하는 것이 아니다. 그럼 이후에는 어떻게 할 것인가? '나'라는 브랜드를 한 번 살펴볼 필요가 있다.

퇴임 후에 개인브랜드를 컨설팅 해주는 조연심 대표를 만났다. 그때 나는 '대기업에서 상무까지 했는데 이만하면 괜찮지' 하며 의기양양하기까지 했다. 조대표는 여러 가지 인터뷰를 하면서 나 자신을 돌아보게 했다. '나 이런 사람이야' 코너에서는 삼성그룹 공채 출신이다. CJ그룹에서 상무를 역임했다. 결혼했다. 맛집을 많이 안다. 시골에서 태어났다. 써놓고 보니 너무 초라했다. 특기가 있는 것도 아니고 외골수로 회사만 붙들고 살아온 반생이었다. '이미지 전성시대' 코너에서는 내가 생각하는 나는 정직하다. 열정적이다. 도전적이다. 남들이 생각하는 나는 욕심, 밝음, 감사, 천천히, 도전, 긍정, 추진력, 화사, 상쾌함, 커리어 우먼, 긍정, 사과, 에너지 등이었다.

'팩트와 스코어'라는 코너에서 완전히 충격을 받았다. 지금까지 내 인생의 결과물로서 나온 팩트를 나열해 보니 온통 CJ이야기뿐이었다. 그리고 코칭하는 것 이외에는 어떠한 내용도 없었다. 남들이 '상무님 상무님' 하니까 대단한 것을 이룬 사람이라는 착각 속에 살아온 것이다. CJ를 빼면 '나'라는 존재를 표현할 것은 아무것도 없었다. 같이 공부하던 코치들과 공저한 『자신만의 스타일로 승부하라』 그 책 하나 달랑 있는 나를 보고 쥐구멍을 찾고 싶은 마음이었다. 이것이 현실이었다. 회사와 나를 동일시하면서 살아온 결과다. 평생 나를 돌보아줄 것 같지만 언젠가는 이별을 해야 하는 것이 회사인데 그것을 인지하지 못한 것이다.

다음으로 나의 인생 산맥지도를 그려보았다. 너무 평이했다. 인생의 파노라마가 없는 그런 산맥지도였다. 대학을 졸업하고 삼성 입사, 제일제당 배치 후 19년간 기획·조사·전략·신규 사업 업무를 했고 푸드빌에서 현업 경험, 임원으로 승진하는 계속 올라만 가는 산맥이었다. 2011년 퇴임이 인생에서 유일하게 마이너스 산맥이다. 내 삶의 주요한 이벤트도 회사에서 승진한 내용뿐이다. 무미건조한 회사인으로만 살아온 나를 다시금 확인한 순간이었다. 다음으로 인터넷상의 김상임 브랜드를 점검해 보기로 했다. 그 동안 몇몇 신문기사와 잡지기사가 검색되어 나왔다. 포털 사이트에서 '김상임'을 검색했다. "인터넷에서는 사망입니다. 사망신고 내야 해요." 너무나 강한 멘트가 날아와서 아찔하기까지 했다. 조직에 돈담고 있을 때는 조직의 일원으로 그 역할과 책임을 다하면 된다. 그러나 세상에 나오는 순간 '회사 속의 나'는 없어지는 것이다. '나'라는 브랜드를 어떻게 만들고, 강화할 것인가. 세상 속에 어떻게 소프트 랜딩 시킬 것인가 생각해 볼 문제이다. 워킹맘 뿐만 아니라 많은 사람들이 퇴직을 하면 갈 곳을 잃고 산으로 바다로 방황하는 경우를 보곤 한다. 아직 반평생을 더 살아야 하는데 말이다. 지금부터 차분히 자신의 브랜드 관리를 시작해 보면 좋겠다. 회사 안에서도 마찬가지다. 회사에서 '나'라는 브랜드는 얼마의 가치가 있는가? 얼마나 차별화 요소가 있는가? 회사는 왜 나를 고용했는가? 부단히 질문을 하다보면 지금보다 더 멋진 브랜드가 되고 싶은 마음과 열정이 생기게 될 것이다. 그러면 회사에서도 롱런할 수 있게 될 것이고 퇴임 이후에도 지속적으로 관리한 그 브랜드력으로 새로운 삶의 기회를 잡게 될 것이다. 이제부터 '나'라는 브랜드를 부단히 관리해 보자.

'나'라는 브랜드를 점검해 보는 질문들

1. 당신은 한마디로 어떤 사람인가요?

2. 내가 당신을 채용하지 않으면 안 되는 이유 5가지는 뭔가요?

3. 당신만이 가지고 있는 차별화 요소는 뭔가요?

4. 당신이라는 상품을 스토리텔링해 보면 어떤가요?

5. 당신은 얼마짜리인가?

6. 10년 후에 어떤 사람이 되고 싶은가? 그때는 얼마짜리인가요?

7. 그 값어치로 성장하기 위해서 지금부터 해야 할 것은 뭔가요?

8. 그 모습으로 성장한 당신을 인터뷰하고자 합니다. 기사 타이틀을 어떻게 뽑으면 좋을까요?

9. 오늘부터 당장 실행할 것은 뭡니까?

10. 대화를 나누면서 어떤 느낌이 올라왔습니까?

가슴 설레는 꿈을 디자인하라

하버드대학교 1953년 졸업생을 추적해서 연구한 결과를 본 적이 있다. 졸업생들은 "지금 당신은 어떤 꿈이 있는가?"라는 질문에 '나는 명확한 꿈을 가지고 있고 이렇게 써가지고 다니며 항상 자극을 받는다' '마음속에 명확한 꿈은 있다 쓴 것은 없다' '가끔 바뀌기는 하는데 막연하나마 꿈이 있다' '먹고살기 바쁜데 무슨 꿈이냐' 이렇게 4부류로 대답을 했다고 한다.

20년 후 추적해서 조사를 했는데 첫 번째 명확한 꿈을 써서 가지고 있던 사람들은 부호로, 마음속에 꿈을 지닌 사람들은 중산층으로, 막연한 꿈을 가지고 있는 사람들은 일반 서민으로 아무생각 없이 산다고 답한 사람들은 빈민으로 살고 있었다고 한다. 워킹맘 당신은 지금 어디에 속하는가?

어떠한 인생의 목표를 가지고 있는가? 워킹맘 시절, 나는 어린 구성원들에게 항상 꿈을 강조하곤 했다. 꿈이 명확히 있어야 한다. 비록 그 꿈이 바뀌더라도 무엇이 나의 인생에서 나를 밝혀줄 꿈인지를 명확히 알아야 한다. 꿈이 있는 사람은 눈빛이 다르다. 그 눈빛은 뜨거운 열정을 가진 가슴속에서 나온 빛이다. 꿈이 있고 가슴이 타오르고 눈빛이 찬란한 사람은 삶의 태도나 걸음걸이도 다른사람과 다르다.

삼성그룹에 멋모르고 들어와서 일하면서 재미를 느끼고 성공의 기쁨을 느끼면서 나의 꿈은 차츰 업그레이드되어 갔다. 결국 나의 인생의 목표점을 멋진 CEO로 잡게 되었다. CEO는 한 회사를 책임지기 위해서 많은 역할과 책임이 있는 사람이다. 그러한 역할과 책임을 다하기 위해서 그에 상응하는 소위 스펙을 쌓기 위해 부단한 노력을 해왔다. 나는 일문학과 교육학을 전공했다. 경영학이나 재무·전략·기획에 대해서 별도로 공부한 바가 없는 나로서는 미래 CEO가 되기 위해 많은 역량이 필요하다는 것을 인지했고 일하면서 엄청난 양의 공부를 했다. 그룹에서도 많은 영양분을 넣어 주었다.

후배들에게도 많이 물어보면서 공부했고 리포트를 쓰면 다른 사람들보다 3배정도는 점검하고 검증하면서 보고서의 질을 높였다. 쟁쟁한 선후배들을 보면서 좌절하기보다는 그들을 이용하여 나의 실력을 높이려 했다. 나와 그들의 갭을 분석해서 단점, 미진한 부문에 대해서는 치열하게 나를 갈고 닦았다. 뜻이 있는 곳에 길이 있듯이 목표를 향해 정진하면 항상 길이 열렸다. 나는 감히 이런 이야기하고 싶다. "꿈은 소박한 것보다는 원대하고 커야 한다. 그래야 그 꿈을 이루기 위해서 노력하는 과정 속에서 당신의 몸값도 브랜드 가치도 실력도 올라간다."

목표가 원대하고 명확한 사람들은 매일의 일상에서 다름이 있다. 눈빛이 강하고 걸음걸이에 자신감이 넘치고 말에 힘이 있고, 매사에 열정적이고 시간 관리를 잘한다. 여러분은 어떠한가? 당신의 눈빛을 보라. 걸음걸이를 보라. 시간을 얼마나 잘 쪼게 쓰는가? 성공하고 싶은가? 삶의 패턴을 바꾸어 보자. 내가 바뀌면 인생도 바뀐다.

워킹맘들에게 제안을 하고 싶다. 정말 가슴이 쿵쾅대는 목표를 한번 세워보자. 현실은 어려울 수 있지만 강력하고 나를 이끄는 목표가 있으면 삶에 있어서 군더더기를 줄일 수 있다. 선택과 집중을 할 수 있다. 우선순위를 명확히 할 수 있다. 목표가 명확하면 어떤 난관도 극복할 수 있고 그에 맞는 노력과 훈련도 만들어진다. 지금 이 시간 여러분의 인생의 목표를 한 줄로 써보기 바란다. 무엇인가? 명확하지 않다면 지금부터라도 늦지 않았다 인생의 목표를 명확히 세워보라.

그리고 나서 눈높이를 높여서 자문해 보자. 충분히 높은가? 정말 도전적인가 다시 한 번 반문해보고 그 목표를 좀 더 고차원적인 목표로 재구성해서 완결해 보자. 그 목표가 만들어지면 임팩트 있게 작성해서 마음속에 있는 책상 위에 살포시 걸도록 하라. 당신의 삶의 순간순간이 소중하고 값지게 달라질 것이다.

나의 목표를 명확히 잡아가는 질문들

1. 나는 어떤 꿈, 비전을 가지고 있는가?

2. 그 꿈을 이루기 위해 현재 당신은 무엇을 하고 있는가?

3. 앞으로 무엇을 강화할 것인가?

4. (만약에 꿈이 없다면 눈을 감고 생각해보자) 10년후 지금 이순간 당신은 무엇을 하고 있을까? 구체적으로 그려보고 이야기해보라

5. 그런 모습으로 꿈을 이룬 당신이 더 궁극적으로 하고 싶은 인생 목표는 무엇인가?

6. 그 꿈을 달성하면 기분이 어떨 것 같은가?

7. 그 시점의 성공한 당신이 지금의 당신을 내려다 봐라, 무슨 이야기를 해 주고 싶은가?

2

전업맘,
가슴 뛰는 꿈부터 만나라

똑! 똑! 당신의 삶, 당신의 가정 안녕하십니까?

인생을 살면서 문득 문득 지금과는 전혀 다른 삶을 살고 싶을 때가 있다. 이런 경우 당신의 마음속에 어떤 목소리가 들리는가? '상상하는 것으로도 충분해' '나도 한 번 도전해 보면 어떨까?' '허튼 소리 하지 말고 지금 하는 거나 잘해' '이것저것 재지 말고 행동에 옮기는 것이 최고야' 당신은 어떤 소리를 선택하겠는가?

우리는 행복을 꿈꾸며 하루하루를 살고 있다. 행복이란 참으로 추상적이고 주관적이다. 전혀 행복해 보이지 않는 상황에도 행복하다 말하는 사람이 있는가 하면 정말 행복해 보이는 상황인데도 행복하지 않다고 말하기도 한다. 이것의 차이는 무엇일까? 아마도 세 석공의 이야기처럼 관점이나 인식의 차이일 것이다.

나그네가 길을 가다 세 명의 석공을 만났다. 똑같은 일을 하고 있는 세 명의 석공에게 질문했다. "무슨 일을 그리 열심히 하십니까?" 첫 번째 석공은 "눈 없소? 보고도 몰라요? 노역에 동원되어서 일을 하고 있잖소?" 하며 퉁명스럽게 말했다. 두 번째 석공은 "처자식을 먹여 살려야 하니 먹고 살기 위해서 하고 있소."고 했다. 마지막 세 번째 석공은 "많은 사람들의 영혼이 맑아지길 바라는 마음으로 신을 모실 곳을 짓고 있소."라며 미소를 지었다. 세 석공의 마음에 어떤 감정이 있다고 느껴지는가? 분노, 좌절, 체념, 충만, 설렘, 행복 등 각각의 석공이 가정에 미치는 영향은 어떨 것 같은가?

당신은 지금하고 있는 일들을 어떤 모습으로 하고 있는가? 누군가가 시켜서 억지로 하고 있는가? 먹고 살기 위해 일하는가? 사명감과 비전을 가지고 일을 하고 있는가? 인생 도화지에는 어떤 그림이 그려져 있는가? 지금까지 그려진 그림의 제목을 무엇이라 하겠는가? 미래에는 어떤 그림을 그리고 싶은가?

당신은 좌절과 혼동, 감당하기 힘든 충격적인 일에 부딪혔던 경험이 있을 것이다. 또한 그것이 큰 깨달음으로 자신을 성장시켰던 경험도 있을 것이다. 과거의 굴레에서 벗어나 평범함에 대한 소중함과 작은 것에도 감사한 마음을 느낄 수 있었던 경험도 있을 것이다. 그 과정을 옆에서 묵묵히 바라보며 당신을 믿고 지지하고 격려해 준 사람도 있었을 것이다. 인생이라는 힘든 여정에서 받은 상처로 지워져 버린 기억을 떠올려 보자. 당신이 얼마나 멋진 사람이었는지! 얼마나 용기 있었는지! 얼마나 사랑스러웠는지!

로저스는 인간은 경험을 통해 자아실현을 하기 위한 기본적인 동기를 가지고 있을 뿐만 아니라 끊임없이 변화하고 성장하기 위해 노력하는 존재라 말했다. 우리는 이미 이런 속성을 가지고 태어났다. 우리는 모두 행복한 삶을 원한다. 행복한 삶의 의미는 무엇일까? 각자 행복의 의미는 다를 것이다. 바쁘게 앞만 보고 살았던 당신! 나는 없고 오직 다른 사람의 행복이 나의 행복이라 여기며 살았던 당신!

인내하며 살았던 당신! 지금까지의 삶이 당신에게 어떤 의미를 주었는가? 뿌듯함과 만족감을 주었던 삶. 되돌리고 싶은 후회스러운 삶. 지워버리고 싶은 삶. 그 어떤 삶이었어도 당신은 최선의 노력을 다했을 것이다. 모든 역경을 헤치고 지금 여기에 있는 당신에게 박수를 보내고 싶다. 만약 현재 당신의 손에 이 책이 들려 있다면 당신은 자신의 내면에서 외치는 변화의 목소리에 이미 귀를 기울이고 있는 것이다. 또한 첫 장을 읽고 있다면 당신의 몸은 이미 변화를 시작한 것이다. 꿈꾸는 미래를 현실로 구현하고 싶은 모든 이에게 제안하고 싶다.

마음의 토양을 비옥하게 하는 여행!
무한한 가능성의 씨앗을 다시 심는 여행!
멋진 미래를 위해 나를 찾아 떠나는 여행!

어떻습니까? 저와 함께 하시겠습니까?
그럼 지금부터 변화를 위한 황금마차를 타고 여행을 떠나고자 합니다. 여러분은 두 가지를 준비해 마차에 타시면 됩니다. 첫째 자기의심, 의지박약, 남 탓 등 부정적 생각은 잠시 마차 밖으로 내려놓기. 둘째 열정, 인정, 끈기, 사랑 등 긍정적 생각은 가지고 가기.
자! 준비되셨습니까! 행복한 가정을 위해! 행복한 사회를 위해! 행복한 나라를 위해! 지금 출발합니다. LET'S GO!!

엄마의 자기혁명

제 1 장

용기있는 전업맘, 내 안의 또 다른 나를 발견하다

- 가슴 뛰는 꿈부터 만나야 하는 이유
- 내 운명을 바꿔 준 나의 아들과 그의 친구들
- 엄마소는 얼룩소
- 사랑의 족쇄가 남긴 상처
- 내 가슴 속 상처받은 아이
- 대리만족의 한계

가슴 뛰는 꿈부터 만나야 하는 이유

"당신의 꿈은 무엇인가요?"

이런 질문을 받는다면 어떤 답을 하겠는가? '이 나이에 무슨 꿈 타령이야! 지금 꿈을 꾼들 소용이 있겠어!' 어쩌면 이렇게 반문할지도 모른다. 불과 몇 년 전만 해도 나에게 꿈이란 없었다. 바람은 있지만 그것이 이루어지기를 기대하지는 않았다. 그런 나에게도 가슴 뛰는 꿈을 꾸게 된 계기가 있었다.

중학교 1학년부터 시작된 아이의 사춘기라는 된서리는 나의 정체성을 흔들 만큼 나를 불안하게 했다. 잘 키워 보겠다는 일념으로 직장에 다니는 대신 평범한 가정주부로 살아온 나에게 아들의 일탈 행위는 하늘이 무너져 내리고 억장이 내려앉는 경험을 하게 했다.

무언가를 붙잡고 싶은 심정으로 미술심리치료사 과정을 시작했다. 과정을 이수하고 담당교수의 추천으로 대학병원 임상실습을 마쳤다. 심리학 공부가 이제까지 생각하지 못했던 나의 미래를 생각하게 했다. 이 세상에 꼭 필요한 존재가 되고 싶다는 마음이 내면에서 조심스럽게 피어났다. 비로소 진정으로 내가 이루고 싶은 스스로 선택한 목표를 발견하게 된 것이다. 상담 대학원 진학! 그때 내 나이 42세였다.

하지만 난 곧 벽에 부딪혔다. 상담 사회의 현실, 새로운 도전을 말리는 주위 사람들, 자신의 한계에 대한 우려, 나이에 대한 자격지심, 기억력에 대한 한계, 공부가 끝난 후 내가 원하는 일을 할 수 있을까? 하는 걱정과 두려움. 이런 끊임없는 자기 의심이 나의 발목을 잡았다. 난 늘 그들과 싸워야 했고 나의 최대의 적인 즐거움의 욕구와도 싸워야 했다.

평소에 책보다 이웃사촌과 친했던 나는 수다 삼매경, 'TV야! 너는 내 친구!', 아이들 감독 등 다람쥐 쳇바퀴 도는 영혼 없는 하루하루를 보내고 있었다. 이런 내가 상담 대학원 진학을 목표로 한다는 것은 엄청난 도전이자 모험이었다. 하루에 식사 시간, 잠자는 시간 빼고 12시간 이상을 공부했다. 머리는 지진이 나는 것처럼 아프기 시작했고 간지러움 속에 하얀 새치가 무지막지한 속도로 자라났다. 몸은 마치 불에 구워지는 오징어가 되듯 꼬이기 시작했다. 이제부터 자신과의 싸움이 시작된 것이다.

대입 이후로 공부를 해 본 적이 없었던 나에게 전공과 전혀 상관 없는 공부를 한다는 것은 그리 쉬운 일이 아니었다. 무엇부터 어떻게 해야 할지 몰랐던 내가 선택한 공부 방법은 무식하면 용감하다고 했듯 책을 통으로 외우는 것이었다. 두 권의 책을 토시하나도 빼지 않고 달달 외우려 했지만 분명 외웠던 내용인데 책을 보고 있을 땐 머릿속에, 책을 덮는 순간 어디론지 날아가 버리는 얄미운 기억은 나를 조롱하는 듯했다. 결국 난 그 두 권의 책을 외우는데 꼬박 이 년이 걸렸다.

재미있는 것은 예전에 아이들에게 "공부 좀 해."라고 하면 "엄마가 공부해 봤어? 얼마나 힘든지 알아?"라고 말하던 아이가 엄마가 공부를 무섭게 시작하자 대사를 바꿨다. "엄마! 사람은 다 달라! 엄마가 공부한다고 다른 사람도 그렇게 할 수 있다고 생각하지 마세요." 미꾸라지도 아니고 교묘하게 빠져나가는 아이들을 보며 웃음이 저절로 나왔다.

그러나 2년 동안의 대학원 진학을 위한 상담심리 공부는 대학원 낙방이라는 시련을 나에게 안겨주었다. 시험은 무조건 붙어야 한다는 나의 완벽주의와 자존심에 금이 갔다. 그렇지만 다시 한 번 도전을 하기로 선택했고 그 과정에서 상담 대학원 교수님께 자문을 구했다. 상담사의 포화 상태, 석사·박사를 하게 될 때의 내 나이에 대한 우려 등 그 과정이 녹록지 않음을 직면해 준 교수님의 말씀이 나의 가슴에 꽂혔다. 현실을 직시하게 되었고 또한 좌절하게 되었다.

주부의 울타리를 벗어난 적이 없는 나에게 이 사회는 너무 낯설고 냉정해 보였다. 태어나서 처음으로 스스로 하고 싶은 것을 선택했고 내 인생 최고의 몰입으로 노력했다. 나와 타인을 위해 의미 있는 일이라 믿었고 설명할 수 없는 이상한 기대와 확신으로 합격을 믿어 의심치 않았다. 하지만 나의 목표는 근거 없는 믿음과 열정만 있었을뿐 명확한 미션과 비전이 없었다.

나의 꿈이 좌절되자 나를 지탱해 오던 삶의 의미가 사라졌다. 살아가야 할 이유가 없어진 것이다. 맥이 빠지고 우울했다. 3개월 동안 얼굴의 2/3가 가려지는 야구 모자를 푹 눌러쓰고 다녔다. 햇빛을 보고 싶지 않았고 아무것도 하고 싶지 않았다. 누구와도 말하고 싶지 않았고 의욕도 떨어졌다. 남편과 아이들을 봐도 목석을 보는 것처럼 아무것도 느껴지지 않았다. 그냥 멍한 상태에 있었다.

그렇게 3개월 동안 함께 했던 나의 우울은 남편 후배의 소개로 만난 코칭이라는 새로운 세계를 접하면서 사라졌다. 코칭을 만나기 위해 난 코칭 입문과정인 한 워크숍에 참가했다. 워크숍은 그것이 끝난 후 한 분의 코치를 선정하여 2번의 멘토 코치를 받을 수 있는 기회가 주어지는 과정이었다. 코칭은 두 가지 형태로 진행되었다. 면대면과 전화.

이번 멘토 코칭은 전화로 진행된다고 하였다. 코칭이라는 것을 받는다는 것도 생소한데 전화로 받는다는 것은 내게 다소 부정적인 이미지를 주었다. 어떻게 전화로 코칭이 가능하지? 만나서 하는 것이 정석 아닐까? 하지만 나의 이런 고정관념은 여지없이 깨져버렸다.

첫 번째 코칭에서 멘토 코치는 내게 이런 질문을 했다. 워크숍에 참여한 동기? 진정으로 내가 원하는 것이 무엇인지? 꿈꾸는 삶은 무엇인지? 등이었다. 태어나 처음으로 다른 사람의 질문에 많은 대답을 한 것 같다. 나는 질문에 대답을 하면서 머릿속으로 나의 비전을 그리기 시작했다.

멘토 코치는 그런 나의 비전을 들으며 나도 몰랐던 내 안의 의미와 가치를 인정해 주었다. 밝은 빛이 어두운 구석구석을 밝히듯 많은 사람들이 행복한 삶의 에너지를 스스로 만들어 낼 수 있도록 도와주고 싶은 나의 간절한 의도를 읽었던 것이다. 나는 전율했고 뜨거운 눈물이 흘렀다. 태어나서 지금껏 나를 온전한 존재로서 인정해 준 사람은 아무도 없었다. 나의 부모님조차도.

두 번째 코칭에서 멘토 코치의 질문은 생각지도 못했던 나의 비전 몇 가지를 선포하게 했다. 그 첫 번째 목표와 비전은 미래에 나의 회사를 만드는 포부와 회사 이름을 정하는 것이었다. Active Coaching 연구소. 그 당시 멘토 코치와 함께 지었던 회사 이름을 지금 쓰고 있다. 둘째는 국내·국제 코칭 자격증을 획득하겠다. 셋째는 쉽고 빠르고 재미있게 배울 수 있는 아트와 코칭을 접목시킨 신개념 코칭 프로그램을 만들겠다. 넷째 강사로서 비즈니스 코치로서 활동하겠다. 다섯째 행복한 도전과 혁신의 모델링이 되는 책을 쓰겠다. 마지막으로 많은 사람들의 자존감을 높여 우리나라에 행복지수를 높이는데 기여하겠다. 도대체 어떻게 갑자기 이런 선포를 할 수 있었을까? 과연 그 당시 난 이 모든 것을 이룰 수 있다고 생각했을까? 그런

확신이 있었을까?

난 이룰 수 있을지 없을지는 생각하지 않았다. 오로지 하고 싶다는 열망이 내 안에 가득 차 있었을 뿐이다. 이 열망은 순간적으로 생긴 것이 아니라 내 무의식 안에 늘 자리 잡고 있었던 것들이었다. 다만 내 안에 꿈틀거리는 열정이 현재와 똑같은 삶을 살기를 절대 원하지 않았다.

하지만 한편으로 이런 생각이 불쑥 고개를 내밀었다. '내가 코치가 된다면 내게 코칭을 받을 사람이 과연 있을까? 내가 원하는 비즈니스 영역에 발을 디딜 수 있을까? 내가 선포한 것을 모두 이룰 수 있을까?' 하는 불확실한 미래에 대한 불안감과 우려가 나를 끌어내렸다.

그러나 비전을 선포한 후 이미 내 몸은 나도 모르는 사이 서서히 움직이고 있었다. 늦게 배운 도둑질이 날 새는 줄 모른다 했던가? 마흔 셋에 만난 꿈은 나의 가슴 속 깊숙하게 숨어 있는 희망과 열정을 불러내어 모험과 도전을 즐길 수 있도록 하였다. 이것은 남편과 아이들이 '이은아'라는 사람을 새롭게 보는 계기가 되었고 우리 가정에 신선한 활력이 되었다. 그 후 4년 만에 내가 선포한 6가지 공약을 모두 이루었고 현재 나의 또 다른 비전을 위해 나의 한계에 도전하는 일들을 선포하고 이루고 있는 중이다.

TIP의 의미 및 활용방법

1. 질문의 목적*

  1) 문제점을 분명하게 한다.
  2) 생각을 정리한다.
  3) 매사를 구체적으로 한다.
  4) 관점을 바꾼다.
  5) 다른 대안, 아이디어를 내게 한다.
  6) 목적을 설정한다. 가치관을 안다.

2. TIP에 제시된 질문에 대한 대답은 무의식을 자극하고 스스로 생각을 정리하게 한다.

3. 과거와 현재에 성공사례 혹은 아쉬웠던 사례 등을 정리하며 자신의 잠재된 능력과 문제해결 방법을 스스로 찾을 수 있게 돕는다.

4. 질문하기, 인정하기, 공감하기, 경청하기 등 코칭의 기본스킬과 코칭 프로세스(GROW의 모델)를 자연스럽게 접할 수 있다.

5. 앞으로 2달 혹은 3달 후 같은 질문에 대한 대답은 자신의 성숙 정도를 점검할 수 있다.

6. 이 세상에 당신을 제일 잘 아는 사람은 바로 당신이다. 질문을 통한 성찰은 당신의 존재이유와 멋진 미래 설계를 도울 것이다.

---

* 『코칭은 답이다』, 코치 에이 지음

자신의 삶을 즐겁고 행복하다고 느끼는 사람이 가까이에 있을 경우 행복감을 느끼는 확률이 높다. 엄마가 행복을 느낄 때 우리 가정은 더욱 행복해 진다. 엄마들이여! 자신의 꿈을 찾는 여행을 시작해 보라. 그 꿈은 자신뿐만 아니라 남편, 아이들을 꿈꾸게 할 것이다.

TIP : 행복한 가정을 원하는가? 가슴 뛰는 꿈을 꾸어라!

● 당신의 꿈은 무엇입니까?

● 당신이 가장 행복했을 때는 언제였습니까?

내 운명을 바꿔 준
나의 아들과 그의 친구들

2010년 1월 12일. 나의 운명이 바뀌는 전환점이 된 날이다. 코칭을 처음 접한 날을 잊을 수가 없다. 한 20명 정도 되었을까? 워크숍에 온 사람들은 한결같이 소속이 분명하고 모두 명함을 가지고 있었다. 명함뿐만 아니라 소속도 없었던 나는 '주부 대표로 왔습니다'라고 자기소개를 했다. 그 당시 다른 사람들에게 비춰진 내 모습은 어떠했을까?

워크숍이 끝난 후 '1년 후에 전문코치로서 명함을 가지고 다시 뵙겠습니다'라는 마무리 멘트 선포 후 박수를 받았다. 신기하게도 꼭 일 년 후 난 그 목표를 이루었다. 많은 사람 앞에서 자신이 하고자 하는 일을 말하게 되면 그 말에 책임을 지기 위해 몸이 움직이기 시작한다. 선포란 책임감을 동반하는 것이다. 그때 선포한 내 목표의 성공은 내 인생의 큰 전환점이 되어 내가 새롭고 도전적인 인생 2막을 열게 하는 계기가 되었다.

처음부터 코치가 되겠다고 생각한 것은 아니었다. 다만 '코칭이라는 것이 에너지를 높이고 뭔가 하고 싶어지게 하는구나!'라고 느끼며 돌아왔다.

"내가 과연 전문코치가 될 수 있을까?"

"누가 나에게 단돈 천원이라도 주고 코칭을 받을까?"

"이때까지 내가 했던 일들 중 유종의 미를 거둔 일이 없는데 과연 코칭이라는 것이 내가 원하는 결과물을 가져다 줄 수 있을까?"

"나에게 자질이 있을까?"

"난 잘 할 수 있을까?"

구슬이 서 말이라도 꿰어야 보배인 법이다. 피아노를 전공했지만 난 그것을 살리지 못했다. 필요한 존재가 되기 위해 시작한 상담 공부는 결실을 맺지 못해 중도에 포기했다. 뭔가 새로운 일을 하고 싶은 욕구에서 취득한 미술치료사 자격증. 이것뿐만 아니라 태권도 2단, 밸리 댄스, 요리, 영어까지 쉼 없이 배웠지만 뚜렷한 결과가 없었다. 무엇인가 하지 않으면 도태된다는 생각을 했던 것일까? 아니면 불안해서일까? 나 자신도 왜 그랬는지 모르겠다.

그런데 또 코칭. 과연 이 코칭을 내가 끝까지 그만두지 않고 결실을 맺을 수 있을까? 또 하다 중도에 포기한다면 가족들과 나를 아는 사람들이 뭐라 생각할까? 결국 제대로 한 것은 하나도 없는 인생. 그냥 이것저것 맛만 보다 가는 인생이 되는 것인가? 갑자기 자신이 초라해지고 패배자 같은 생각이 들었다. 수많은 생각들로 내 머릿속은 혼란스러웠고 형형할 수 없는 감정에 머리가 무겁고 아프기까지 했다.

이런 시점에 만나게 된 멘토 코칭은 내 안에 꿈틀거리는 그 무엇을 건드렸다. 난 말할 수 없는 에너지를 느끼며 마치 이때까지 발사대에서 발사하기만을 기다렸던 로켓처럼 시동을 걸고 있었다. 과연 무엇이 그렇게 만들었을까? 첫 만남의 인사. 전화기 너머로 들리는 코치의 목소리는 아주 편안하고 안정적이었다. 코치는 나에게 질문을 했고 난 질문에 대답했다. 나는 어느새 내가 하는 말에 스스로 설득되고 마치 오래전부터 계획했던 것인 양 선포하고 있는 자신을 발견했다.

난 진심으로 이런 이야기들을 하고 싶었나보다. 뿐만 아니라 누군가에게 인정받고 확인받고 싶었나 보다. 나는 쉬지 않고 이야기를 쏟아내며 울다 웃다를 반복했다. 아무 조건도 비난도 없이 있는 그대로 나를 인정해 주며 내 마음을 읽어주고 공감해 주는 코치가 엄마처럼 느껴졌다. 나는 그날 이후 전문 코치가 되고자 하는 가느다란 하지만 강렬한 한줄기 빛을 온몸으로 느꼈다. 그 빛은 내 심장을 싸고 있는 유리벽을 뚫고 차갑고 상처받은 내 영혼의 심장을 따뜻하게 비춰주었다.

내가 얼마나 소중한 사람인지, 얼마나 무한한 자원을 가진 열정적인 사람인지 스스로 발견하게 해 주었던 멘토 코치. 나도 멘토 코치처럼 상처 받은 영혼을 어루만져 자기 자신의 무한한 가능성과 자원을 스스로 발견할 수 있게 돕는 그런 코치가 되고 싶었다. 또한 그들이 그것을 마음껏 펼칠 수 있도록 그들의 성장을 돕는 코치가 되고 싶었다.

자신이 얼마나 특별하고 존귀한 존재인지 인식하지 못하는 사람, 세상에 족적을 남기고 싶은 사람, 삶의 의미를 찾고 싶은 모든 사람들에게 빛과 같은 존재가 되고 싶었다. 어둡고 깜깜한 터널에서 조차도 그 빛을 보며 터널을 스스로 나올 수 있게 하는 코칭계의 대모가 되리라!

코치 초년생 입에서 이런 말들이 쏟아지는 것을 보며 난 스스로 놀라움을 금치 못했다. 꿈이 야무지지 않은가? 이때까지 꿈꾸던 것과는 무언가 달랐다. 이후로 나의 삶은 완전히 달라지기 시작했다. 뭔가 할 일이 있다는 것은 나를 다시 살아 숨 쉬게 하였다. 그저 하고 싶은 일이 아닌 사명감과 비전을 가지고 이 세상에 기여하고자 하는 일이다. 혼자가 아닌 함께 서로의 성장을 도우며 이 세상에 행복과 희망 메시지를 전하는 일이다. 그런데 불현듯 갑자기 이런 생각이 스치고 지나갔다.

"나는 남편과 아이들에게 이런 인정을 해 준 적이 있었을까?"

잘한 것은 그냥 GO GO. 잘못 된 것은 일단 STOP. 하나하나 조목조목 따지며 꼭 바로 잡으려 했던 내 모습이 떠올랐다. 느닷없는 깨달음은 내가 현재 무엇을 하고 있는지 자각하게 했고 동시에 내가 해야 할 일들이 무엇인지 생각하게 했다. 갑자기 가슴이 뛰기 시작하며 코칭을 하고 싶다는 생각이 불쑥 올라왔다. 하지만 현실로 돌아오니 갑자기 막막해졌다. 코치가 되기 위한 첫 관문을 통과하기 위해서는 50시간의 실습시간이 필요하다. 문제는 고객을 어디서 찾느냐하는 것이었다.

순간 번쩍 번개같이 무언가 스쳐지나갔다. "그래 맞아! 우리 아들과 그의 친구들을 고객으로 하자!"라는 생각과 동시에 나의 손은 이미 통화 버튼을 누르고 있었다. 그 당시 우리 아들과 그의 친구들은 문제아, 비행소년이라는 이름으로 불리고 있었다.

"아들! 할 이야기가 있으니 일찍 들어오셔요!"

"왜! 알았어!"

짜증 섞인 짧고 굵은 단답형의 대답이 들렸다.

코칭을 시작할 때는 항상 고객과 합의하에 계약서를 쓰게 되어있다. 그것은 상대방의 의지를 확실하게 하여 행동력을 높이게 하기 위함이다. 아들에게 조심스럽게 이야기를 꺼냈다. 역시 반응은 예상대로다.

"짜증나고 쪽팔리게. 엄마. 어디서 이상한 것 또 배워 가지고 실험 좀 하지마!"

"엄마랑 같이 노는 건 어때? 한 번 생각해 봐. 일단 친구들에게 물어보고 친구들이 안한다고 하면 할 수 없고. 물어보고 이야기하면 어떨까?"

짜증과 귀차니즘, 창피함 등을 발산하면서 아들은 죄 없는 문짝에 화풀이하며 나갔다. 몇 시간 후 전화가 왔다.

"엄마! 애들이 어차피 우리들끼리 놀아봤자 매일 똑같으니 엄마랑 일주일에 두 번 두 시간씩 노는 것도 괜찮은 것 같다고 한다고 하네? 그렇게 할게."

아들은 친구들의 의외의 반응에 약간 당황한 듯 했다. 나의 제안을 받아들인 아이들에게 감사했다. 그렇게 아이들과의 계약은 성사되었고 나는 전문코치로서 입문하게 되었다. 첫 코칭 시간에 난 아이들에게 선포했다.

"내가 진정한 전문코치가 된다면 그것은 전적으로 너희들 덕분이고 그러면 이은아 코치가 크게 한 턱 쏘마."

어느 새 난 아이들과 하나가 되었다. 그렇게 시작된 코칭은 아이들이 무엇 때문에 사춘기를 그리도 심하게 겪고 있는지, 무엇이 그들을 힘들게 했는지 좀 더 이해할 수 있게 하였다. 8회 차로 진행된 4명의 아이들과의 코칭을 좀 더 흥미롭게 하기 위해 미술치료적인 요소를 사용해 보았다. 호기심 많은 아이들에게 미술도구를 사용하는 것은 그들을 집중시키기에 충분했다. 필요성도 느끼지 못하고 배웠던 미술치료가 이 시점에 아주 요긴하게 쓰인 것이다.

이렇게 요긴하게 쓰인 자원이 한 가지 더 있다. 마치 007 작전처럼 쫓고 쫓김을 반복했던 아이들과의 부대낌은 관심이라는 끈으로 그들과 나를 연결하게 했다. 역시 좋은 경험, 나쁜 경험은 따로 없는 것이다. 언제, 어디서, 어떻게 쓰여질지 아무도 모르기 때문이다. 어쩌면 당신의 경험이 현재 직면한 문제의 핵심 열쇠가 될지 모른다.

집중, 진지함이라고는 눈 씻고 찾아 볼 수 없었던 아이들. 표피적으로만 웃고 떠들던 아이들의 모습 속에 어느덧 진지함이 자리를 잡기 시작했다. 시간이 지나면서 진솔한 이야기를 하는 아이들의 눈가에는 촉촉함이 배어났다. 현재 자신의 고민, 부모에 대한 원망, 갈등, 후회, 앞으로의 포부 등을 이야기 하는 아이들이 안쓰러웠다.

아버지의 권위로 답답함을 호소하는 아이, 부모들의 갈등으로 힘들어 하는 아이, 자신을 이해해 주지 않는 부모에 대한 야속함을 이야기 하는 아이, 자신이 원하지 않는 삶을 강요받은 아이. 아마도 사춘기를 앓고 있는 많은 청소년들이 이와 비슷한 이유로 세상 밖으로 뛰쳐나갔을지 모른다. 그런 아이들을 보며 나에게 또 하나의 도전적 목표가 생겼다. '아하! 그래! 자신의 내면을 보며 스스로 깨달음을 얻을 수 있는 코칭 프로그램을 만들자! 누구나 자기 스스로 자신을 돌아보며 앞으로 미래를 꿈꿀 수 있게 하는 프로그램을 만드는 거

---

* Art-Expression Coaching : 코칭에 표현예술 치료적 요소를 융합한 코칭인증프로그램으로 (사)한국코치협회에서 인증받았다. 표현예술치료와 유사한 방법으로 자신의 내면을 표현하게 함으로써, 객관적이고 중립적으로 자신을 볼 수 있게 한다. 아울러 코칭프로세스와 코칭스킬을 빠르고 쉽고 재미있게 배울 수 있는 프로그램이다. 즉 고객에게는 자신의 작품에 표현된 억제, 왜곡, 잠재력 등을 스스로 알아차릴 수 있는 능력을 향상시켜 셀프코칭도 가능하게 도움을 주고 코치에게는 쉽고 빠르고 재미있게 코칭프로세스와 코칭기본스킬을 훈련하는 코칭프로그램이다.

야!'

　코칭과 Art의 만남! 아이들과의 시간은 나만의 독특한 프로그램인 Art-Expression Coaching*의 탄생 계기가 되었다. 스스로 자신의 틀을 깨는 순간 다름을 인정하는 우리의 수용 에너지가 새로운 변화의 문에 노크할 것이다. 그것은 우리를 변화로 이끌어 우리 자신 안에 있는 무한한 가능성을 믿게 할 것이다.

우리 자신이 스스로 변화를 선택할 때 다른 사람도 변화하기 시작한다. 자신의 변화는 바라보는 시각에 따라 세상을 달리 해석할 수 있게 한다. 즉 어떤 상황에서 그것을 어떻게 바라보는가에 따라 행복할 수도 불행할 수도 자신의 성장 기회로 생각할 수 있다는 것이다. 힘든 상황 속에서 자신에게 주는 의미를 깨닫게 되는 순간 우리는 그것을 내적 자원으로 사용할 수 있을 것이다.

TIP : 변화를 원하는가? 자신이 가진 자원을 활용하라!

- 어떤 일을 했을 때 가장 즐겁습니까?

- 당신의 강점은 무엇입니까?

- 무엇이 과거의 성공을 가능하게 했습니까?

엄마소는 얼룩소

마흔 살이 넘도록 남편의 내조와 아이의 성공을 인생의 목표로 삼고 살았다. 나는 없고 아내와 엄마만 있다는 공허함으로 괴로워하던 어느 날 한 워크숍에 참석했다. "당신은 언제 행복하십니까?"

첫날 받은 이 질문에 뒤통수를 얻어맞은 듯 아무런 대답을 하지 못했다. 행복? 이 단어를 스스로에게 물어본 적이 있던가? 행복에 대해서 생각해 본 적이 있던가? 한 번 시작된 물음은 꼬리에 꼬리를 물고 슬프게도 "난 행복했었을까?" 하는 한숨으로 대답을 대신하게 되었다.

내 결혼 스토리는 심플하다 못해 초라하다. 해를 넘기면 안 된다고 스스로에게 부과한 책임감과 의무감, 주위의 압력에 떠밀려 슬프게도 사랑의 콩깍지 한 번 제대로 씌어보지도 못하고 그렇게 스물일곱 12월에 결혼했다.

아내는 '안에 있는 해'라고 한다. 나는 과연 안에 있는 해였을까? 온화함과 따뜻함으로 우리 가정을 비춰주고 있었을까? 우리는 부부 싸움을 별로 하지 않았다. 지금 생각해 보면 허심탄회한 대화가 없으니 싸움이 일어날 수 없었던 것이다.

"우리는 서로 너무 달라서 싸울 일이 없어요!"

내가 했던 말들이다. 기저에는 회피와 무관심이 있지 않았을까? 외적인 것은 지금과 똑같을지 몰라도 그 내면엔 다름이 있었다. 겉으로는 아무 걱정 없는 부부였지만 남편은 나와 이야기하는 것을 즐기지 않았다. 이유는 한가지다. 내가 친정 엄마와 똑같은 행동을 하기 때문이다.

예를 들자면 '상대방에게 이 음식을 먹이면 좋겠다'라는 생각이 들면 상대방의 의견은 아랑곳하지 않고 먹기 싫다고 해도 그것을 먹을 때까지 열 번이고 스무 번이고 강요했다. 이런 엄마의 행동을 내가 똑같이 하고 있었던 것이다. 내가 그처럼 싫어했던 행동을 하고 있다니. 그러던 어느 날 난 외할머니와 엄마의 대화를 보며 놀라움을 금치 못했다. 엄마와 내가 하는 대화와 똑같은 것이 아닌가! 외할머니와 엄마의 관계는 지금 나와 엄마와의 관계와 유사한 패턴을 보이고 있었다.

나는 말했다. "엄마! 엄마가 할머니 닮았구나!" 엄마는 펄쩍 뛰며 정색을 했다. 더욱 놀라운 것은 나도 우리 가족이 "엄마! 외할머니 닮았어!"라는 말을 하면 온몸으로 부인하며 화를 내는 것이었다. 참

아이러니 하다. 하지만 외할머니께서 돌아가시면서 엄마는 서서히 변하기 시작했다. 아버지의 폭력으로 힘들어 했던 아이가 커서 폭력을 행사할 가능성이 큰 것처럼. 대물림이란 참 무서운 것인가 보다. 그 모든 행동이 무의식적으로 우리도 인식하지 못하는 사이에 행해진다.

그렇다면 나는 아이들에게 어떤 엄마였을까? 아이들을 잘 키우기 위해 부모교육을 받았고 그것에 준하여 행동하고 있다고 철썩 같이 믿고 있었다. 그 결과는 어떠했을까?

우리 친정엄마에게 받은 유전자에 나의 교육이 합쳐져 더욱 교묘하게 내가 원하는 길로 아이를 몰아가고 있었다. 큰 아이는 너무도 충실하게 엄마 역할을 했던 나를 호랑이로 아빠는 토끼로 비유했다. 선무당이 사람 잡는다 했던가? 어설프게 배우고 알고 있는 교육의 힘은 무섭다. 나는 배움이라는 포장으로 스스로를 세뇌하고 있었다.

"난 달라졌고 달라지고 있어! 난 우리 엄마하고는 달라."

물론 달라진 것은 사실이다. 근본이 아닌 피상적으로. 이것이 착각이라는 것을 내게 알려주기라도 하듯 큰 아이에게 틱이, 작은 아이는 귀신을 무서워하며 혼자 있기를 두려워하는 증상이 생겼다. 또한 나에게는 조울증과 같은 증상들이 나타나기 시작했다. 아마도 이런 증상들은 오래전부터 있었을 것이다. 깨달음이 늦었을 뿐이다.

아는 만큼 보인다는 이야기를 들은 적이 있다. 예전에 무심코 지나갔던 것들을 좀 더 관찰하게 된 것이다. 이 모든 것이 나로부터 시

작이라는 것을 알게 되었을 때 난 좌절했고 괴로웠다. 왜 나만 잘못
인데? 왜 나만 바뀌어야 하는데? 나도 미칠 듯이 힘든데 왜 나만 짊
어져야 하는데? 아이의 틱과 무서워 혼자 잠을 자지 못하는 아이의
행동이 다 내 탓이란 말인가? 억울했다. 엄마가 원망스러웠고 미웠
으며 또한 내 자신이 불쌍하다는 생각이 들었다.

"난 절대 엄마와는 다른 삶을 살거야! 난 엄마와 달라!"

그렇게 울부짖었건만 나는 엄마를 닮아 있었고 어쩌면 엄마보다
더 지능적이고 교묘하게 남편과 아이들을 조정하려 했다.

부모의 행동 중 가장 싫어했던 행동을 무의식적으로 하고 있는 자신을 발견하며 화들짝 놀라는 경우가 종종 있다. 우리가 무의식적으로 하는 행동이 다른 사람들에게 부정적 영향을 줄 수 있다. 자신이 하고 있는 행동, 느끼는 감정, 다른 사람과 어떻게 소통하고 있는지 등의 알아차림이 변화의 시작이며 나의 변화의 기준이 될 것이다.

TIP : 지금과는 다른 삶을 살고 싶은가? 자기 자신을 알아차려라!

- 내가 현재 하고 있는 행동이나 신념 중 부모님께 물려받은 것은 무엇인가?

- 그 중에서 닮고 싶은 것은 무엇이고 닮고 싶지 않은 것은 무엇인가?

사랑이란 족쇄가 남긴 상처

당신은 사랑을 무엇이라고 생각하는가?

나도 엄마처럼 아들에 대한 지나친 관심을 사랑이라고 생각했다. 허니문 베이비로 태어난 아들 녀석은 뭔가 크게 될 것 같았다. 초등학교에 다닐 때까지 내 온 몸을 던질 만큼 잘 따라주었기에 나는 '너를 성공시키리라'는 의욕에 가득 차 있었다. 아마 그 기저에 뭔가 특별한 사람, 남들보다 잘나고 돋보이고 싶은 마음이 깔려 있었나보다. 욕망을 채우는 길은 아들을 보란 듯이 잘 키우는 것이었다. 그것이 나의 프로젝트요, 앞으로의 커리어였다.

신혼살림을 시부모님과 함께 했던 나는 생후 10개월 된 아이에게 '또래 친구 만들어 주기'라는 구실을 붙여 매주 놀이교실로 탈출했다. 생각이 비슷한 사람들이 모여서일까? 자연스럽게 그룹이 형성되었고 4~5세부터 영재교육이라는 놀이 학습을 시작했다. 내가 하면 로맨스 다른 사람이 하면 불륜이라 했던가! 자신의 유별난 모습은 생각지 않고 '나는 저 정도는 아니야' 하며 다른 엄마들을 비난하며 자기 합리화를 일삼았다. 나의 지나친 욕심은 점점 음흉한 모습을 드러내기 시작했다. 나의 우상은 공부 잘하는 아이를 둔 엄마였고 우상의 전철을 그대로 밟으며 그 지침에 충실했다. 정작 공부를 하는 아이의 생각, 아이의 마음은 안중에도 없었던 것이다.

영어가 콤플렉스였던 나는 우리 아이가 영어를 잘하기 바랐다. 그것은 나의 또 하나의 새로운 프로젝트를 기획하게 했다. 제일 먼저 해야 할 일은 강사를 알아보는 일이었다. 수강하려면 대기 순번을 뽑고 기다려야 하는 강사를 인맥을 총 동원하여 초빙하는데 마침내 성공했다. 나의 집념은 내가 생각해도 정말 대단했다. 시간 당 5만원! 그 당시에 5만원은 굉장히 큰돈이었는데도 난 아이의 의지와는 상관없이 거금을 쏟아 부었다.

그때 아이의 나이 7살이었다. 하지만 내 마음 속 아이 나이는 특목고 입시생이었나 보다. 난 이미 영어 영재 엄마였그 그런 착각은 나를 사랑이란 이름으로 포장한 대리만족의 서막을 올리게 했다. 시작이 있으면 끝이 있는 법. 초등학교 고학년 때 청담동에 있는 영어 학원을 다니면서 아이의 행동이 조금씩 이상해졌다. 종종 지각을 했고 결석하고 싶어 했으며 얼굴에는 어두운 그림자가 드리워졌다. 이 때까지의 자신의 삶이 억울했을까? 왜 진작 힘들다 말하지 않았을까? 어쩌면 아이는 계속 자신의 의견을 이야기했을지도 모른다. 내가 듣고 싶은 말만 듣고 있었는지도 모르겠다.

　순응하는 아이, 착하디 착한 아이가 중학교 1학년이 되자 비행이라는 급행열차를 타고 달리기 시작했다. 나의 장대한 대리만족의 막을 내리게 되는 순간이었다. 장장 5년간 이어진 아이의 혹독한 사춘기는 집안을 쑥대밭으로 만들기에 충분했다. 규율이 엄했던 중학교로 배정 받았던 아이와 그의 친구들은 너나 할 것 없이 획일화된 머리 스타일과 교복스타일을 거부했다. 머리는 다른 학생들보다 최대한 길게 교복은 허벅지가 터질 정도로 최대 타이트하게 하고 다녔다. 지각, 무단결석, 친구들과 몰려다니며 술, 담배, 오토바이, 패싸움까지 그야말로 화려했다.

　전학시키라는 담임선생님의 청천벽력같은 말에 학교로, 아파트 초인종을 누르고 도망가다 주민에게 붙들리는 도저히 이해 불가의 행동으로 파출소로 불려 다녔다. 하루에도 몇 번씩 울리는 전화벨 소리에 화들짝 놀라며 가슴을 쓸어내렸다. 무엇이 아이를 저렇게 만든 것일까? 내가 전생에 무슨 죄를 그리 많이 지었기에 이런 고통을 당해야 하나? 진작 강남으로 이사했으면 이런 일이 없었을 터인데. 나 또한 피해자의 한사람이라 생각하며 남편을 탓하기에 바빴다.

　남편과 자식, 부모, 심지어 나 자신도 진심으로 사랑할 수 없었던 날들이었다. 상자 안에서 모든 것을 컨트롤 했던 나에게 아이의 일탈은 상자 밖의 세계가 있음을 알려주었다. 예고도 없이 상자 뚜껑을 '훅' 열고 나가버린 아이의 뒷모습이 아련히 보였다. 최악의 상황에서 오히려 의식의 전환이 온다고 했던가! 상황이 이렇게 되니 비로소 진정한 내 모습을 하나 둘씩 발견하게 되었다.

내 마음은 상처로 생긴 가시들로 가득했다. 갈등이 생겨 상처를 받을 때마다

"이 사람은 나를 이용하려는 것이구나."라는 가시 하나

"나는 무엇을 해도 잘되는 것이 없어!" 가시 둘

"나는 왜 이리 운도 지지리도 없을까?" 가시 셋

"우리 집은 왜 이 모양일까?" 가시 넷

수없이 많은 좌절을 할 때마다 돋아난 가시는 내가 받은 고통을 돌려주기라도 하듯 점점 단단하고 뾰족하게 세상 밖으로 가시를 곤두세웠다. 그리고 아들의 비행이라는 가시에 깊숙이 찔리고 나서야 비로소 이 모든 가시가 나를 향하고 있었다는 것을 알게 되었다.

열린 창문으로 앙상한 가지만 남아있는 나무를 보며 내 안의 수많은 가시를 떠올렸다. 그리고 나는 누구인가? 한 남자의 아내이자 두 아이의 엄마, 딸이자 며느리로 시작된 대답은 나의 삶의 자취를 돌아보게 했다. 내가 어떤 존재가 되고 싶은지, 어떤 삶을 원하는지 깊이 생각하기로 한 것이다.

다른 사람을 위하는 생각과 행동이 타인을 구속하고 힘들게 할 수 있다는 것을 알기까지 많은 시간이 걸렸다. 자신만의 사랑의 방식이 상대방에게 족쇄처럼 여겨질 수도 있다는 것을 알게 된다면 다른 사람을 더욱 이해할 수 있을 것이다. 자신이 원하는 것을 상대방이 원하는 것이라 착각하지 말아야 한다.

TIP : 원하는 것이 무엇인지 알고 싶은가? 질문하라!

- 당신이 생각하는 사랑의 정의는 무엇인가?

- 당신의 사랑을 상대방은 어떻게 느끼고 있는가?

- 상대방이 원하는 사랑은 어떤 것인가?

엄마의 자기혁명

내 가슴 속 상처받은 아이

무남독녀로 사랑을 독차지해오던 내게 위기의 순간이 찾아왔다. 내가 8살이 되었을 때 동생이 태어난 것이다. 태어남과 동시에 나의 무의식은 동생을 사랑을 빼앗는 존재로 인식한 것 같다. 동생이 고등학교 3학년 입시 문제로 나에게 괴로움을 이야기할 때까지 예쁜 동생, 사랑하는 동생이라고 불러본 적이 없었다. 아마 나도 모르는 사이에 가슴에 응어리진 트라우마는 생각보다 대단했나보다.

당시 나에게 집중되었던 모든 시선이 동생에게 옮겨지면서 나는 수도 없이 '다시 태어나면 남자로 태어날 거야' 하고 다짐했다. 또한 남자 아이가 되고 싶어 치마보다는 바지를 입었고 골목대장 노릇을 하며 일부러 서서 볼일을 보는 등 남자 아이 흉내를 냈다. "너 때문에 내가 항상 야단을 맞는 거야. 너 때문에, 네가 있기 때문에."

예고도 없이 나의 영역을 침범 당했다는 피해 의식과 버림받을지도 모른다는 두려움이 어린 마음을 크게 짓눌렀다. 이 두려움은 후에 다른 사람에게 잘 보여야 하고, 완벽하게 잘 해내어야 한다는 강박관념을 불러 일으켰다. 또한 자신을 당당하고 잘나게 보이도록 포장하기 시작했다. 스포트라이트를 받고 싶었을까? 사랑을 훔치고 싶었을까?

동생이 생기면서 첫째가 받게 되는 스트레스에 관해서는 알려진 것이 많다. 이 스트레스는 성장 과정에서 차츰 극복되어 독립심이나 생존력 등이 강화되는 긍정적인 변화를 맞을 수도 있다. 하지만 동생을 받아들일 마음의 준비가 없었던 나는 이를 제대로 극복하지 못했다. 동생이 세살 때였다. 누나가 좋다고 쫓아다니는 동생이 귀찮아서 "저리가!" 하며 슬쩍 민 적이 있다. 그런데 그만 밥상 모서리에 부딪혀 속눈썹 바로 위가 찢어지는 대형사고가 발생했다. 가슴이 덜컹했다. 호되게 꾸중을 들으면서도 동생에 대한 걱정, 미안함은커녕 "네가 없었으면 이런 일도 없었을 텐데."라고 생각했다.

지금도 동생 눈 위에는 그 흉터가 있다. 나는 동생에게 끝까지 미안하다는 말을 하지 않았다. 시간이 지나면서 미안함은 내 안에서만 맴돌았다. 미안함을 표현함에도 적절한 타이밍이 필요한 듯하다. 결국 난 사십이 되어서야 미안함을 표현할 수 있었다. 그 이유는 무엇이었을까?

돌이켜보면 나는 사촌 동생들이나 친구들에게는 늘 뭔가 새로운 것을 만들어서 재미있게 해주는 누나, 언니, 친구였다. 그런데 유독 내 동생에게는 그런 마음이 생기지 않을 뿐만 아니라 매정하리만큼 냉담하게 대했다. 동생과 나는 그저 한 집에 사는 동거인에 불과했다. 남동생의 탄생은 내 마음속에 두 아이를 살게 했다. 인정에 목말라 언제나 사랑을 갈구하는 인정받고 싶어 하는 아이와 자신의 실수를 용납하지 않는 완벽주의 아이이다. 후에 이것은 나의 결혼생활과 나의 삶에 많은 영향을 주었다. 결혼을 하면 꼭 아들을 낳아야 된다, 그것도 하나가 아닌 둘! 아이는 전문직으로 키워야 한다. 엄마의 역할, 아내의 역할은 이래야 한다 등의 당위적인 생각을 강하게 가지게 했다. 아이를 잘 키워 나의 어린 시절을 보상받고 싶었던 것일까? 과연 엄마는 내가 이런 마음을 가지고 있다는 것을 상상이나 하셨을까?

우리에게는 크고 작은 상처와 아픔이 있다. 숨기고 싶은 상처가 나의 현재와 미래의 삶뿐만이 아니라 타인의 삶에도 부정적 영향을 줄 수도 있다. 어쩌면 그것을 인식하지도 못한 채 우리는 누군가 그 상처를 어루만져 주기를 막연하게 기대할 지도 모른다. 누군가의 손길을 막연히 기다리기보다 자신을 보듬고 인정하는 것은 마음의 안정과 다른 사람을 수용할 수 있게 돕는다.

TIP : 마음의 안정을 원하는가? 공감하라!

- 현재 내 안에 어떤 아이가 살고 있습니까?

  아이의 종류: 인정받으려는 아이, 의존하는 아이, 완벽하려는 아이, 감정표현을 억제하는 아이, 외로운 아이, 자기중심적 아이, 복종하는 아이, 두려운 아이*

- 무엇이 그런 아이로 만들었나요?

- 현재의 자신 안에 있는 아이에게 어떤 이야기를 해 주고 싶은가?
  (내 앞에 그 상처받은 아이가 있다고 생각하고 그럴 수밖에 없었던 아이의 마음을 읽어준다.)

* 우종민 교수의 심리경영, 우종민 지음, 해냄

엄마의 자기혁명

대리만족의 한계

엄마와 잘 지내는 딸들을 보면 부럽기도 하고 낯설기도 하다. 어머니! 그 이름은 나에게 양가감정 즉 사랑과 미움을 동시에 불러일으킨다. 내 안엔 수많은 감정들이 뒤섞여 있다. 이것이 하나로 합쳐져 감사와 온전한 사랑이 되고 엄마를 온전하게 이해할 수 있게 되기까지 꽤 많은 시간이 걸렸다.

엄마는 사랑이 넘치는 분이다. 문제는 상대방의 입장은 전혀 고려하지 않고 일방적으로 사랑을 준다는 점이다. 육남매에 맏며느리로 시집와 숟가락 하나로 시작하여 살림을 착실하게 일구어 낸 당신이었기에 가정에 대한 애착은 분명 남달랐을 것이다. 엄마는 아이들을 경제적으로 걱정 없이 잘 살도록 만드는 것이 자신의 몫이라고 생각했다. 그 책임감은 전업 주부로서 아버지가 가져다주는 많지 않은 월급을 차곡차곡 불려갈 수 있게 했다. 그리고 어느 순간부터 친구들도 잘 만나지 않고 오로지 가족과 가정에만 집중했다.

하지만 화초에 물을 너무 많이 주면 그 화초는 어떻게 될까? 어머니에게는 사랑이었지만 우리에겐 일거수일투족을 엄마의 틀 안에 넣으려는 끝없는 노력으로 밖에 보이지 않았다. 그것이 오히려 우리를 엄마로부터 심리적으로 멀리 도망가게 만들었다는 사실을 엄마는 알고 있을까?

자신의 구속과 집착이 가족을 힘들게 한다는 사실을 모르는 엄마는 늘 당신만의 방식으로 나와 내 동생을 통제했다. 또한 그것이 엄마의 역할을 잘 하고 있는 것이라 믿고 있었다. 예를 들어 대학교 때 미팅하고 온 날은 내가 누구를 만나 무엇을 했으며 어떤 이야기를 했는지까지 모두 털어놓아야 했고 그래야만 엄마로부터 자유로울 수 있었다.

아직도 잊을 수 없는 사건이 있다. 대학교 졸업 후 고등학교 동창 모임이 있었다. 엄마와 나는 그날 입을 옷을 사기 위해 남대문 시장에 갔고 나는 내가 입고 싶은 옷이 아닌 엄마가 입고 싶은 옷을 사서 돌아왔다. 빨간색 큰 꽃무늬가 있는 하얀 원피스. 난 그 옷을 사고 싶지 않았고 분명 의사를 전달했다. 그러나 결국 그 원피스는 내 손에 들려 있었고 착한 가격과 마음에 드는 옷을 샀다는 뿌듯함은 엄마를 기쁘게 했다.

드디어 동창과 식사하게 될 그 날이 왔다. 그 옷을 입기 싫었던 나는 코미디의 한 장면처럼 옷을 입는 척하고 내가 입고 싶은 옷을 입고 "다녀올게요." 하며 있는 힘껏 승강기까지 달렸다. 그런데 이게 웬일인가? 우리 엄마가 그렇게 달리기를 잘 할 줄이야. 달리기 선수가 된 엄마에게 순식간에 목덜미를 잡혀 그대로 끌려 들어간 나는 그 빨간색 꽃무늬 옷을 입게 되었다. 엄마는 오로지 자신이 입고 싶었던 그 꽃무늬 원피스를 딸이 대신 입어주기를 바라는 마음 외에는 다른 어떤 것도 생각하지 않았던 것 같다. 내가 어떤 기분인지, 그것을 입고 갔을 때 어떤 마음이 들지…… . 그날 모임 내내 나는 남들이 내 옷만 보고 있는 것 같아 쥐구멍에라도 숨고 싶었다. 몇 년 전에 어머니께 그때의 일을 여쭤 보았다.

"엄마! 그때 왜 억지로 그 옷을 입히셨어요?"

어머니의 대답은 의외로 간결했다.

"네가 입고 싶어서 산 옷이잖니?"

난 엄마와 애증관계이다. 마흔이 넘어서까지 엄마와 함께 하면 좋은 최적의 시간은 딱 5분이었다. 5분! 5분이 지나면 우리는 어김없이 의견충돌이 일어나고 또다시 예전에 나를 컨트롤 했던 엄마의 모습을 떠올리게 했다. 지시, 명령조, 다 알고 있다는 듯한 엄마의 태도와 대화 방식은 늘 숨막힘과 답답함을 느끼게 했다. 이 세상에 모든 문제의 해답을 가지고 있는 듯 답을 제시하는 엄마. 일어나지 않는 일에 대한 기우와 새로운 도전보다는 안전제일을 추구하셨던 엄마. 엄마는 언제부터인지 내 가슴속에 부정적인 이미지로 각인되기 시작했다. 언제부터일까? 엄마와의 대화는 내게 고문이었기에 난 엄마와의 만남을 극도로 자제했다. 이 얼마나 슬픈 일인가!

엄마와의 대화는 '살아계실 때 잘해! 돌아가신 다음 후회하지 말고!'라고 다짐한 내 마음을 늘 한바탕 휘저어 놓는다. 토네이도와 같은 격돌의 대화 끝은 항상 나에게 연민, 후회, 안타까움의 악순환 고리에 들어서게 했다. 불과 몇 년 전까지만 해도 내 인생이 행복하지 않게 된 원인을 엄마 탓으로 돌렸다. 엄마 때문에 내가 훌륭한 사람이 될 수 있었는데 못되었다며 원망했다. 과연 모든 것이 엄마 때문일까? 난 자신의 한계를 극복하지 못하는 핑계를 제대로 만났던 것이다.

자신의 삶보다 자식의 삶을 중요시했던 엄마! 자식의 삶을 통해 대리 만족하려는 성향이 강했던 엄마! 그런 엄마에 질려 '난 절대로 우리 엄마처럼 살지 않을거야! 난 엄마와는 달라!'라고 외치고 또 외쳤건만 나도 모르는 사이 난 이미 엄마를 너무나도 쏙 빼닮아 있었다. 자신의 깊은 곳에 자리 잡은 자기애, 슬픔, 회환 등 모든 것을 자식을 통해 보상받고 싶었던 엄마처럼 아이러니하게도 나 역시 내 아들들에게 똑같은 실수를 반복하고 난 후에야 내 과오를 객관적으로 바라볼 수 있었다.

이루고 싶은 꿈에 대한 아쉬움은 누구에게나 가슴속에 남아있다. 대리만족을 통해 얻은 만족은 결국 자신과 타인을 영혼 없는 사람으로 만드는 것이다. 우리가 모두 조수석에서 운전석으로 옮겨 앉을 때 진정한 행복을 느낄 것이다.

TIP : 주도적인 삶을 살고 싶은가? 알아차려라!

- 당신이 이루고 싶었던 것은 무엇인가?

- 타인을 통해 대리만족 하고 싶은 것이 있는가? 만약 있다면 그것이 무엇인가?

- 그것을 통해 얻으려는 것은 무엇인가?

제 2 장

유연한 전업맘,
진정한 소통을 하다

내려놓으면 보이는 것

엄마는 내가 어렸을 때부터 피아니스트가 되기를 바라셨다. 그 꿈은 나도 모르는 사이에 내 꿈이 되어 버렸다. 피아노를 전공해야 일등 신붓감이 되고, 결혼을 잘 해야 행복한 삶을 살 수 있다는 게 엄마의 생각이었다. 난 예술중학교에 입학했고 부모님이 기뻐하는 모습을 보며 나도 기뻤다. 하지만 피아노를 즐기지 못했고 몰입하지 못했다. 나름대로 피아니스트로서의 꿈을 품은 적도 있었지만 그것이 내가 원하는 꿈인지 확신할 수 없었다. 지금 돌이켜 보면 그저 남들이 하니까 남들의 인정을 받고 싶어 예술중학교를 다녔던 것 같다. 그래서인가 머리가 굵어질수록 피아노는 점점 나의 천적이 되어갔다.

예중, 예고, 대학교까지 10년간 피아노를 공부했고 부업으로 20년 동안 피아노 선생님으로 제법 많은 아이들을 지도했다. 그럼에도 피아노에 대한 애정이 거의 없는 내 모습을 보고 남편은 이야기 한다.

"당신, 정말 음대 나온 것 맞아?" 30년 넘게 피아노와 동고동락 했음에도 이리 진저리를 치는 이유는 과연 무엇일까?

돌이켜 보면 나는 진정으로 바라는 꿈과 목표가 없었다. 엄마의 꿈이 곧 내 꿈이었다고 착각하였고 그것이 착각이라는 것을 깨닫는 데 무려 30년이나 걸렸다. 피아노과를 졸업하고 어떤 모습이 되겠다는 목표 의식이 없으니 당연히 결과가 좋을 리 없었다. 나는 과연 누구를 위한 삶을 살고 있었던 것일까?

행운은 언제나 나를 비켜갔고 모든 일에는 머피의 법칙이 작동하였다. 번번이 나의 발목을 잡는 비합리적인 생각은 '내가 원하는 것은 잘 되지 않으니 반대로 생각하자!'라며 반대로 생각하는 습관까지 스스로 만들었다. 난 주도적이지 않았고 자신을 사랑하지 않았으며 외부의 피드백에 좌지우지 되었다. 또한 그 연장선상에서 다른 사람의 호의를 왜곡된 시각으로 볼 만큼 자존감이 낮았다. 자신을 스스로 올리려는 노력보다는 아이를 내 희생양으로 삼는 것이 더 효율적이라고도 생각했다. 그것이 둘 다 성공하는 길이라 믿었기 때문이다.

내가 네 살 때 우연히 시작하게 된 피아노. 그 땐 분명히 나도 피아니스트가 되려는 꿈을 가졌을 것이다. 하지만 난 초등학교 고학년이 되면서 피아노가 내 길이 아님을 온 몸으로 알렸다. 피아노 학원을 가는 척하다 도망가기도 했고 엄마에게 그만 두겠다고 말하기도 했다. 그때마다 엄마는 너무도 쿨 하게 '그래! 네가 하기 싫으면 하지마'라고 말했다. 하지만 이 말은 내게 적잖은 불안감을 주었다. 그

말이 곧이곧대로 들리지 않았던 것이다. 사랑을 잃을까 두려웠던 것일까? 나에게는 마치 협박하는 말처럼 거꾸로 들렸다.

이것이 내가 피아노와 35년간이나 함께 하게 된 이유 중 하나다. 정말 이해할 수 없는 일이다. 이런 아픔을 가진 내가 어찌 똑같은 실수를 범했단 말인가! 나의 '우리 아이 엘리트 만들기 프로젝트'는 아이 10개월 때부터 시작되었다. 하지만 그 프로젝트의 첫 관문으로 선택한 아이와 함께 하는 놀이 프로그램 참가는 나에게 적잖은 실망을 안겨주었다. 여러 기구들을 이용하여 오감을 깨우며 놀아야 하는 아이가 내 기대와는 달리 1시간 동안 하나의 놀이 기구에 앉아 울기만 하는 것이 아닌가. 다른 아이들은 다 즐겁게 노는데 말이다. 집으로 돌아와 울다가 지쳐 잠든 아이를 쳐다보며 측은지심은커녕 어이없음과 미운 마음이 올라왔다. 생후 10개월 된 아기에게 말이다. 무엇이 나를 이렇게 만들었을까?

지금 생각해 보면 나는 아이가 자랄 때까지 유행했던 놀이교육, 영재교육, 원어민, 영어 문법 개인교사 수업, 수학, 논술, 축구교실, 어학원, 컴퓨터 학원 등 쉴 새 없이 아이에게 좋다는 것은 모두 들이밀었다. 아이의 생각은 묻지도 않았다. 우리 아이는 정말 엄마 말을 잘 듣는 아이였다. 이 때문이었을까? 큰 아이는 일곱 살 때부터 머리를 흔드는 틱 장애가 왔다. 후회가 밀려왔다. 무엇이 아이를 그토록 닦달하게 했을까? 남에게 지기 싫어하는 나의 경쟁의식이 아이를 지배하고 있었던 것은 아닐까?

만약 타임머신이 있어 다시 그 시절로 돌아간다면 난 절대 이 무모한 뺑뺑이는 돌리지 않을 것이다. 뺑뺑이 대신 가족 간의 신뢰와 사랑을 더욱 돈독히 하는 여행을 할 것이다. 인생을 길게 볼 것이고 내 조바심을 아이에게 전달하지 않을 것이다. 또한 내 안에 불쑥불쑥 솟아나는 욕심과 기대를 자제할 것이다. 인간이란 참 간사하다. 아니 나만 그런가?

아이의 틱을 보며 마음 치유의 중요성을 뼈저리게 느끼면서도 다른 한편으로 명문대에 입학시키고 싶다는 이율배반적인 생각이 스멀스멀 피어났다. 결국 나는 당근과 채찍을 교묘하게 쓰고 있었던 것이다. 큰 아이는 초등학교 6학년까지 소위 남들이 말하는 '엄친아'로 자라 주었다. 나의 열정과 계획을 착실하게 잘 따라와 주었고 나에게 흐뭇한 훈장들까지 안겨주었다. 통계경진대회 동상, 한자 3급, 워드프로세스 1급, 국가공인 정보기기운용기능사, 정보처리 기능사……. 아이에게 타이틀이 하나씩 붙을 때마다 다른 엄마들은 아이보다 나에게 더 집중적인 관심을 보였다.

내 안에 어떤 마음들이 있었을까? 조금씩 우쭐해 하는 나를 느끼게 됨과 동시에 엄마들 사이에서 나의 영향력은 점점 커지게 되었다. 난 어느새 이 모든 것을 은근히 즐기며 대리만족의 기쁨을 맛보고 있었던 것이다. 우리 엄마가 그랬던 것처럼.

이런 과정이 초등학교 내내 이어졌다. 나의 기대와 환상은 점점 커졌고 아이의 마음속이 어떤지 들여다 볼 필요도 그럴 생각도 하지 못했다. 오로지 내 자신의 이기심만 있었던 것이다. 마냥 착실하고 성실했던 큰 아이가 주는 즐거움은 초등학교 졸업과 동시에 사라졌다. 되로 주고 말로 받는다고 하였던가? 지나간 6년의 소소한 즐거움은 이후 5년 동안 가슴을 도려내는 아픔과 뼈를 깎는 고통을 겪는 길로 인도하였다. 아이에게 비행이라는 단어가 적절한지 모르겠으나 중학교 1학년부터 고등학교 2학년까지 우리 아이와 그의 친구들은 비행 청소년이라는 이름으로 불려졌다.

많은 부모들이 아이들을 잘 키우기 위해 교육사냥을 나선다. 아이에게는 변화를 요구하면서 정작 교육을 배우는 엄마들 자신은 변하려 하지 않는다. 피상적인 방법만으로 단기적 효과를 노리는 것이다. 혹시 아이에게 '엄마! 오늘은 어디서 또 무얼 배웠어?' 이런 이야기를 들어본 적이 있는가? 만약 그렇다면 그 교육이 추구하는 철학까지 가져왔는지, 방법만 가져왔는지 스스로에게 질문하라. 방법은 단지 방법일 뿐이다. 마음이 연결되지 않는 교육 방법은 그저 소귀에 경 읽기가 될 뿐이다. 그 방법은 아이와 충분히 소통할 수 있는 마음과 마음이 연결이 되어 있을 때 효과가 있는 것이다.

나의 강의에 참가한 한 엄마의 이야기다,

"나는 강압적이지 않게 이야기 하거든요? 배운 대로 했는데 아이는 내가 강압적이라고 해요."

우리가 상대방의 이야기를 들을 때 말의 내용만 듣는 것이 아니다. 상대방의 에너지, 눈빛, 제스처 등 그 사람의 모든 것을 듣는다.

아이는 이미 엄마의 숨은 의도까지 읽어 버렸던 것이다. 나는 질문했다. "우리가 배운 질문하기 방법 중 유도 질문과 중립 질문이 있었습니다. 유도 질문은 숨은 의도가 있는 질문이고 중립 질문은 숨은 의도 없이 질문하는 것입니다. 예를 들어 '밥 먹고 바로 이 닦는 것이 좋지 않겠니?'가 유도 질문이라면 '철수야! 너 언제 이 닦을 거야?'는 중립 질문입니다. 어떤 마음으로 아이에게 질문 하셨나요?"

아이 엄마는 씁쓸히 웃는다.

"내 안에 답을 갖고 유도하고 있었네요."

우리는 흔히 "나 이제 다 내려놓았어. 다 비워서 더 이상 남은 것이 없다."고 한다. 이것이 가능할까? 하나를 내려놓으면 다른 욕심이 생길 수 있다는 것을 받아들여야 한다. 중요한 것은 마음 속에 욕심이 생기고 있다는 것을 알아차리고 스스로 절제하는 것이다.

우리는 항상 깨어있어야 한다. 나의 욕심, 이기심, 선입견, 판단 등을 모두 내려놓게 되었을 때 아이를, 남편을 진심어린 마음으로 만날 수 있다. 한 방향이 아니라 마음과 마음이 연결되는 쌍방향의 사랑, 신뢰, 믿음이 교류 될 때 비로소 우리가 배운 방법들이 그 효과를 발휘할 수 있다는 것임을 반드시 명심해야 할 것이다.

요사이 아이들이 일탈하는 연령이 점점 낮아지고 있다. 혹 이것이 각박한 세상에 다른 사람들보다 한 발이라도 더 멀리 빠르게 나가고자 하는 어른들의 이기심이 그렇게 만든 것은 아닐까? 당신의 아이는 현재 누구를 위한 공부를 하고 있습니까?

이 세상에 자식이 잘 되기를 바라지 않은 부모는 없을 것이다. 잘 되기를 바라는 마음속에 숨겨진 자신의 이기심과 욕심은 아이의 수족을 쓸 수 없게 만들 수 있다. 그 욕심과 이기심이 아이의 마음의 문을 닫게 한다는 사실을 알아야 한다. 자신의 당위적인 생각이 만든 욕심과 이기심을 내려놓는 순간 아이의 닫힌 문은 열리게 되고 진정한 소통을 할 수 있을 것이다.

TIP : 진정한 마음의 연결을 원하는가? 내려놓아라!

- 내 안의 판단, 선입견, 당위적 생각 등은 무엇인가?

  예) 아프다고 엄살 부리는 것을 보니 학교가기 싫구나. ― 판단

  　　매일 똑같은 옷을 입는 것을 보니 형편이 어려운가봐. ― 선입견

자존감이 만든 사랑의 울타리

큰아이는 중학교에 입학하면서 머리스타일과 복장에 변화가 생겼다. 아이가 다녔던 중학교는 머리카락을 1.5cm로 짧게 자르게 되어 있었지만 아이는 순응하지 않았다. 또한 교복바지는 터질 듯한 허벅지를 뽐내며 타이트하게 입기 시작했다. 개성을 추구하는 아이가 한편으로 이해는 되었지만 걱정스러웠다.

그 걱정은 현실이 되었고 얼마 후 아이는 지각을 일삼았고 무단조퇴, 무단결석, 복장불량 등의 이유로 나는 학교에 죄인처럼 드나들어야 했다. 어느 날은 주먹다짐으로 눈이 빠질 정도의 피멍이 들어 나타나기도 했으며 오토바이, 술, 담배 등 금지된 장난은 점점 그 수위가 높아지기 시작했다.

아이는 더 이상 부모의 호통에 벌벌 떨던 예전의 순수한 아이가 아니었다. 눈빛이 달라졌다. 몸에서는 뭔가 낯선 향기가 났다. 이 아이가 내 아이가 맞나? 이런 아이를 내가 배 아파 낳았나? 뱃속에 다시 넣을 수도 없고 버릴 수도 없고 도대체 어쩌란 말인가? 한 때는 머리 좋다는 말을 들었던 아이인데 어떻게 저리도 상식 밖의 말과 행동을 할 수 있을까? 이해할 수 없었다. 집이 뒤집어지도록 혼도 내고 사정도 하고 좋게 대화도 해봤지만 아이는 바뀌지 않았고 더욱 멀어져 감을 느꼈다.

중2 때부터 아이의 반항은 본격적으로 심해지기 시작했다. 아이가 터트린 사건을 수습하면서 겉으로는 이성적으로 잘 처리한 것같았지만 혼자 있을 때는 가슴이 미어졌다. 이 꼴을 보려고 내가 그렇게 공을 들였나? 그저 자식 잘되는 것을 바랐을 뿐인데 내가 무엇을 그리도 잘못했다는 말인가!

당시 우리 아이와 몰려다녔던 아이들은 주로 6~8명이었다. 그들의 부모를 만나고 싶었지만 아이들은 우리를 철저하게 방해했다. 그 이유는 자신들이 한 짓이 들통 나지 않게 알리바이를 만들기 위해서다. 나는 부모들을 만나기 위해 발 벗고 나서고 싶었지만 솔직히 두려운 마음이 들었다. 만약에 내가 앞장서서 네트워크를 형성한다면 큰 아이는 엄마의 돌출행동이 자기 친구들에게 피해를 줄 거라 생각할 것이고 그로 인해서 큰 아이와 나의 관계가 더욱 악화될까 두렵고 걱정스러웠다.

대부분의 부모들은 자식이 공부를 못하거나 문제가 있을 때는 학부모 모임에 나가는 것을 꺼린다. 하지만 난 악착같이 학부모 모임에 참석했다. 이런 문제를 안고 있는 누구의 엄마이며 그렇게 된 이유와 지금 내가 하고 있는 노력에 대해 솔직하게 이야기했다. 의외로 엄마들은 상황에 대해 공감했고 오픈하며 도움을 요청하는 나를 이해하고 격려해 주었다. 아울러 학교에서 일어나는 많은 일들에 대한 정보도 주었다. 이런 네트워크 형성 노력으로 우연히 친하게 몰려다니는 아이의 엄마와 전화번호를 교환하게 되었고 문제아라 불렸던 아이의 엄마들과 네트워크를 형성하게 되었다.

부모들이 아이를 사랑하는 마음은 다 똑같다. 다만 양육방식이 달랐기에 일탈행동에 대한 부모의 반응도 제각기 다르게 나타났다. 지나치게 수용하는 부모, 지나치게 밀어내는 부모, 적절하게 밀고 당기기를 하는 부모……. 부모의 행동에 따라 아이는 가까이에서 맴돌기도 하고 더욱 멀리 가기도 했다. 6명의 엄마들의 만남은 서로에게 힘이 되었다. 혼자가 아니었기에 의지하고 버틸 수 있었다. 아이들이 똘똘 뭉칠수록 엄마들도 똘똘 뭉쳤다.

우리는 보여주고 싶었다. "그럼에도 불구하고 우리는 너희를 사랑한다. 절대 우리는 너희를 포기하지 않는다. 더 이상 너희가 멀리 가는 것을 보고만 있지 않을 거야."라고 하며 큰 울타리를 치기 시작했다. 그 울타리에서 아이들이 놀 수 있게 하려고 노력했다. 아이들은 야생말처럼 거세게 반항하기도 하고 순응하기도 하며 그렇게 우리는 서로에게 조금씩 적응하기 시작했다. 아이들의 최대의 목표는 하루하루를 재미있게 보내는 것이다. 그들이 말하는 순수함, 의리, 대범함, 용기. 단지 이런 것들이 우리가 원하는 것이 아닌 다른 방향으로 향하고 있었을 뿐이었다. 무엇이 아이를 여기까지 오게 했을까?

아이들은 자신의 삶이 고달프다고 느꼈고 자유로운 영혼들의 향연을 동경하며 그 세계로 들어가고 싶어 했다. 일탈의 이유는 저마다 달랐지만 서로 공감대를 나누며 지켜주고 있었다. 그 동질감은 서로의 상처를 어루만져 주고 위로했다. 큰 아이드 그런 구성원의 한사람으로 자리매김 하고 싶었을까? 난 사랑이 필요한 아이를 보듬어 주기는커녕 우리 엄마가 날 꼭두각시로 만들었듯 아이를 초등학교 6학년까지 꼭두각시로 만들었던 것이다.

강연 중에 이런 질문을 받은 적이 있다. 아이가 부모와 대화를 하지 않고 자꾸 일탈 행위를 합니다. 불러서 이야기하면 화만 내고 그냥 내버려 두자니 불안하고 어쩌면 좋을까요? 어떻게 하면 좋을까? 상황이 다르고 성격이 다르기 때문에 어떤것이 정답이라고 말할 수는 없다. 다만 사랑의 큰 울타리 안에서 아이가 마음껏 사춘기를 보낼 수 있도록 해야 한다. 그렇다면 문제아를 둔 6명의 엄마들이 그 울타리를 어떻게 만들었을까?

6명의 엄마들은 다양한 방법으로 대응하고 있었다. 아이와의 관계가 힘들어 주저앉으려는 엄마, 너무 빠른 템포로 아이들을 제지하려는 엄마. 서로를 몰랐을 땐 상대의 대처방법을 서로 비난했다. '그 엄마는 아이를 왜 저대로 내버려 두는 거야?' 하지만 그렇게 놔 둔 것이 아니라 놔 둘 수밖에 없었다는 것을 6명의 엄마들의 만남을 통해 비로소 알게 되었다. 그리고 6명의 엄마들은 자신을 위해, 아이를 위해, 자신들의 이기심을 내려놓았다. 서로를 이해하려 했으며 마음으로 소통했다. 서로의 아픔을 위로하며 지지하고 격려했다. 이것은 서로의 자존감을 높여 주는 일이기도 하였다. 지금 생각해 보면 희망이 없어 보이는 아이들을 보며 인생의 덧없음과 혼돈의 헤매임 속에서 온전하게 견딜 수 있었던 것은 한마음으로 뭉친 6명의 엄마가 함께 했기 때문인지 모른다.

그렇게 우리 6명의 엄마들은 아이들에게 휘둘리지 않고 바로서기를 시작했다. 그러던 어느 날 아이들이 그들만의 여행을 계획하고 있다는 이야기를 들었다. 가슴이 철렁했다. 아이들만 가는 여행도 걱정이지만 그것을 제지했을 때의 아이들과 빚어질 갈등과 그 여파는 생각하기도 싫을 만큼 불안감을 증폭시켰다. 이 세상에 가장 위대한 힘은 고민의 힘이다. 6명 엄마들이 고민 끝에 내린 결정은 6가족이 함께 떠나는 가족여행이었다. 그 여행은 우리 모두에게 의미가 있었다. 아이들에게는 자기들만의 추억을 만들 수 있는 시간이 되었고 부모들에게는 아이들에 대한 깊은 이해와 사랑을 전하는 계기가 되었다.

아이들은 울타리가 안전하다고 믿을수록 불안으로부터 벗어나 서서히 자기 자리로 돌아올 수 있다. 당신의 울타리는 현재 어떤가? 견고한 울타리가 되려면 엄마는 어떤 모습이어야 하는가? 자신을 믿는 만큼 다른 사람을 믿듯 엄마가 자신을 믿는 만큼 아이를 믿을 수 있기에 엄마의 자존감은 더욱 중요할 것이다. 또한 엄마의 자존감이 높을수록 그 사랑의 울타리는 더욱 견고해질 것이라 생각한다.

혹독한 사춘기의 주인공들은 6명의 엄마들을 어떻게 생각했을까? 아이들은 그때를 회상하며 그때 엄마들이 징글징글 했지만 싫지만은 않았다고 이야기한다. 그로인해 우리에게는 6명의 아들이 생겼고 아이들에는 6명의 엄마가 생겼다.

아이의 일탈 또는 돌발적 사건에 직면했을 때 우리는 엄청난 충격에 휩싸이게 되며 우리의 정체성이 흔들릴 정도의 혼돈상태를 겪는다. 이 혼돈에서 벗어날 수 있는 것은 우리가 두 발을 꼿꼿하게 땅에 딛고 그들의 안전한 울타리가 되는 것이다. 그러려면 우리 자신이 바로서야 한다. 아이들이 자신의 에너지를 마음껏 발산해도 무너지지 않는 울타리가 되어야 한다. 그러기 위해 우리 자신의 자존감을 스스로 높여야 한다.

TIP : 나 & 너 & 우리의 행복을 원하는가? 자존감을 높여라!

● 당신은 자신의 자존감에 100점 만점 중 몇 점을 주겠는가?

● 어떤 때 당신이 특별한 사람이라고 생각하는가?

타인에 대한 인정

현재 군복무 중인 우리 큰 아이에게 다시 한 번 깊이 감사한다. 큰 아이 덕에 나는 상대방이 어떤 상태에 있든, 어떤 모습이든 그 사람에 대한 편견을 갖지 않고 수용하고 공감할 수 있게 되었다. '뭐 이런 애가 있어?'가 아니라 '이 아이는 이렇구나' 하고 온전하게 받아들일 줄 알게 된 것이다.

발묘조장(拔苗助長)이라는 말이 있다. 이것은 『맹자(孟子)』의 공손추(公孫丑) 상(上)에 나오는 이야기이다. 중국 송(宋)나라에 어리석은 농부가 있었다. 모내기를 한 이후 모가 어느 정도 자랐는지 궁금해서 논에 가보니 다른 사람의 모보다 덜 자란 것 같았다. 농부는 궁리 끝에 모종을 잡아 빼보니 약간 더 자란 것 같이 보였다. 집에 돌아와 식구들에게 하루 종일 모가 잘 자라도록 도와 준 이야기를 자랑스럽게 하였다. 이튿날 부인이 논에 가보니 모는 이미 하얗게 말라 죽어 있었다.

우리가 아이를 잘 크도록 돕는 행동들이 정작 그들에게 도움이 되는 것인지 한 번쯤 생각하게 하는 이야기이다. 아이를 아주 잘 크도록 했던 나의 행동들이 아이에게는 간섭이고 침범이고 자신을 점점 작게 만드는 요인이 되었다는 것을 깨닫게 한 이야기다.

"엄마! 나를 이기려 하지 마세요!" 아이가 처음에 이 말을 했을 당시 어처구니가 없었다. 하지만 이 말에는 많은 의미가 있다. 아이는 이미 엄마가 자신을 사랑하는 아들로 보기보다는 대리만족의 대상으로 보고 있음을 느꼈다. 또한 자신을 조정하지 말고 있는 그대로 봐달라고 외치고 있었던 것이다.

"난 예전에 엄마가 아니란다. 지금 현재의 모습 그대로 너를 사랑한단다." 뒤늦게 아이에게 있는 그대로 너를 사랑한다고 최선을 다해 외치고 외쳤지만 아이는 꿈쩍도 하지 않았다. 엄마에 대한 부정적인 이미지가 오래 전부터 가슴속 깊이 남아 있었기에 아이의 마음은 얼음처럼 차갑게 굳어 있었던 것이다. 아무리 외치고 또 외쳐도 아이는 나를 믿지 않았다. 그 외침은 공허한 메아리처럼 내게 다시 돌아왔다.

아이는 마치 엄마가 진짜 달라졌는지를 확인이라도 하듯 끊임없이 나를 시험했다. 어느 날 남편에게서 아무래도 큰 아이가 오토바이 사고를 낸 것 같다고 연락이 왔다. 아이는 사고 소식을 우리에게 알리지 않았다. 후에 들은 이야기로 자신이 해결할 수 있을 정도의 사고였기 때문에 스스로 처리하고 싶었다고 했다. 아이의 사고 소식을 아이에게 직접 듣지 않았기에 더욱 기가 막혔다.

화가 올라왔다. '여전히 정신을 못 차렸구나!' 한심한 생각이 올라왔다. 내 안에서 에고(Ego)*가 '훅'하고 올라왔다. 하지만 지금은 화를 내기보다 일을 수습하고 아이와 이 문제에 대해 소통할 필요가 있었다. 나는 코치의 모자를 썼다. 아이에게 집이 아닌 모임공간에서 정식으로 코칭 받을 것을 제의했다. 예전에 나의 첫 고객으로서 만났던 적이 있었기에 큰 아이는 순순히 응했다.

나는 차분히 아이의 근황을 물었다. 아이는 친구 이야기, 자신의 이야기를 쉬지 않고 했다. 나는 충분히 경청한 후 아이에게 이런 이야기를 했다.

" 우리 아들은 끈기가 있는 것 같아."

"왜?"

"이런 이야기하면 네가 어떻게 생각할지 모르겠지만 너를 놀린다고 생각할 수도 있을 것 같아 걱정도 조금은 돼. 이야기해도 될까?"

"괜찮아. 뭐 엄마랑 내가 못 할 말이 어디 있어?" 하며 웃는다.

"우리 아들이 방향이 노는 쪽이어서 그렇지 에너지를 한결같이 쏟을 수 있다는 것은 네가 집중력과 몰입하는 능력이 있다고 엄마는

---

*에고(Ego) : 코칭에서 에고는 선입견, 판단, 경험을 통한 자신의 생각, 고정관념 등으로 표현한다.

생각해. 아마 넌 네가 필요한 때 네가 하고 싶은 방향으로 그 에너지 방향을 돌리게 된다면 못 이룰 것이 없을 거라는 생각이 들었단다. 너는 이점을 어떻게 생각해?"

아이는 나를 경이로운 눈빛으로 쳐다봤다.

"엄마! 정말이야? 나는 엄마가 나를 그렇게 생각하는 줄 몰랐어. 나를 쓰레기 취급하는 줄 알았어."

이 말은 나에게 충격이었다. 이때까지 내가 다양한 방법으로 내 마음을 전하며 '엄마가 달라졌어요'를 외쳤음에도 그 마음이 전달되지 않았단 말인가? 아이는 말을 이었다.

"엄마가 그렇게 생각하니 말인데 내가 말이야……."라고 시작된 이야기는 자기 자랑, 이때까지 몰래 사고 쳤던 이야기, 마지막엔 오토바이 이야기까지 많은 이야기를 끄집어내기 시작했다.

"아들, 이런 이야기까지 솔직하게 이야기해 줘서 고마워. 그럼 사고는 어떻게 처리하고 있니?"

아이와 사고를 어떻게 처리할 것인지에 대한 이야기를 나누었다.

"우리 아들에게 엄마가 많이 고마워. 엄마가 아들 덕분에 사람 되었단다."

"나도 엄마가 이렇게 나를 생각하고 이해하는 줄 몰랐어. 고마워."

울컥하고 눈물이 나왔다. 가슴에서 뭔가 뜨거움이 올라왔다. 처음으로 아이와 내가 한 배를 탄 느낌, 진심으로 마음이 통한 느낌은 나에게 행복감과 충만감을 주었다. '엄마 달라졌다니까. 나 정말 달라졌다고. 넌 왜 나를 믿지 않는 거니? 나를 좀 봐봐' 이렇게 외치는 것에는 남 탓이 묻어있다. '난 변했는데 네가 변하지 않았기 때문에 나를 못 보는 거야. 날 좀 제대로 봐'

결국 나의 모든 것을 내려놓고 아이를 있는 그대로 수용하고 바라보았을 때 아이도 나를 보기 시작했다. 이제는 기대에 못 미치는 내 아들이 아니다. 여러 가지 크고 작은 사고를 쳤지만 그럼에도 건강하게 살아서 내 눈앞에 있기에 난 정말 기쁘고 행복하다. 이런 마음이 아이에게 전해졌고 그것은 마음을 연결하는 끈이 되었다. 이제야 비로소 마음으로 아이를 만날 수 있게 되었고 서로를 이해할 수 있었다.

엄마들은 아이에게 상처를 많이 받는다고 말한다. 어떤 엄마들은 '우리 아이 때문에 정말 미치겠어요. 나 정말 우리 아이 때문에 가슴에 피멍이 들었어요'라며 토로하기도 한다. 하지만 생각해 보면 부모 못지않게 아이도 상처를 받는다. 부모의 기준과 맞지 않는다고 아이를 무조건 바꾸려 하기보다 아이를 있는 그대로 바라보는 연습이 필요할 것이다.

아이의 상처로 얼어붙은 마음을 녹이는데 생각보다 훨씬 많은 시간과 노력이 필요할지 모른다. 소유가 아닌 존재로 바라보기 시작할 때 우리는 서로의 상처를 어루만질 수 있고 사랑을 주고받을 수 있는 것이다.

자신에 대한 인정

10년 이상 IT 회사에 근무했던 40대의 A씨는 회사에 대한 기대와 뭔가 이루고 싶은 열정도 가지고 있었다. 일을 하면서 새로운 사업을 경영진에 제안하기도 했다. 경영 실무진을 설득하는 과정에서의 갈등으로 '정말 이 회사는 안되겠구나'라고 체념하게 되었다. 그로 인해 A씨의 마음에는 많은 상처가 생겼다. 그 상처는 here and now 에 충실하기 보다는 점차 적당히 자기 자신과 타협점을 찾으려 했고 자신을 위축되게 했다.

A씨는 말과 행동이 부정적으로 변했고 먼저 나서거나 잘못된 것을 봐도 바꾸려 하지 않았다. 이런 부정적 생각들이 점점 몸에 배어 A씨 가정에도 영향을 미쳤다. A씨는 아이들이 그를 점점 멀리한다고 생각했고 자신이 작아진다고 느꼈다. 무능함을 자책했고 스스로 비하하며 급기야 우울증 마저 느끼게 되었다. 어느새 이 생각의 패

턴은 그에게 악순환이 되어 버렸다.

이것이 A씨와의 첫 만남에서 나눈 이야기다. 무엇이 A씨를 이렇게 힘들게 했을까? 이 많은 이야기를 얼마나 하고 싶었을까? A씨는 현재 일어나고 있는 모든 문제들을 회사 탓, 아이 탓, 환경 탓으로 돌려 자기 자신을 합리화하며 스스로를 희생자로 생각하고 있었다. 하지만 자신이 피해의식을 갖고있음을 알아차리는 순간 A씨의 눈빛이 변했다. 얼굴에는 잔잔한 미소가 번지며 자신을 적극적으로 표현하기 시작했다. 그는 이제 비로소 조수석에서 운전석으로 자리 옮김을 선택한 것이다.

톨스토이는 '모두가 세상을 변화시키려고 생각하지만 정작 스스로 변하겠다고 생각하는 사람은 없다'라 하였다. '나는 과연 어떤 존재인가? 나는 누구인가?'에 관심을 갖기 시작하는 순간 우리의 변화는 시작된다.

첫 코칭에서 A씨는 하루에 장점 5개 찾기라는 과제를 받고 난감해 했다. 하지만 점점 장점 찾기를 즐기기 시작했고 매회 진행할 때마다 A씨의 눈빛과 표정에는 밝은 기운이 맴돌았다. A씨의 행동 하나하나에 활력의 에너지가 높아지는 것이 느껴졌다. 이 놀라운 변화의 근원은 무엇일까? A씨는 자기 자신과 진솔하게 만났으며 코칭과정에서 내준 과제를 가족과 함께했다.

가족과 하나 됨을 느끼게 된 A씨는 자신의 변화틀 사춘기로 민감한 딸아이와 대화의 물고를 트는 계기로 삼았다. 딸아이와의 소통에 성공하자 자신감이 생긴 A씨는 점점 더 자기 자신을 사랑하게 되었다. 그 다음 세션에서 우리는 타임머신을 타고 A씨의 어린 시절로 향했다. 자신감이 넘쳤던 때를 떠올리며 과거의 자신의 모습에서 A씨의 큰 자원 중 하나인 당당함을 발견하게 되었다.

A씨의 성격은 지나칠 정도로 안정적이고 신중한 편이었다. 자신이 변화하기 위해 가장 필요한 것이 주도적인 면이라는 것을 인식하며 매번 열정적으로 코칭에 임했다. 그 결과 A씨는 첫 만남에서 자신이 계획한 프로젝트를 완벽하게 마치고 싶다고 선포한 목표를 달성하였다. 회사의 프로젝트였던 코엑스 전시회에서 탁월한 성과를 보여 많은 사람들로부터 박수를 받았던 것이다. A씨는 외부에서도 자신감을 느낄 수 있을 만큼 변화하고 있었다.

놀라운 것은 코칭 중 자신의 변화뿐만 아니라 자신이 받았던 인정과 칭찬을 활용하여 협력업체로부터 빠른 시간에 도움을 받는 쾌거를 올렸던 것이다. 이 과정을 통해서 코칭이 자신을 넘어 자신의 긍정적인 에너지가 다른 사람들에게까지 영향을 미치게 됨을 깨닫게 되었다고 A씨는 말했다. 그는 후에 코칭을 이렇게 정의했다. '난 이제까지 배우기만 하고 실천하지 못했습니다. 기존의 교육은 상황에 따른 대처형이었다면 코칭은 문제를 스스로 찾아내고 분석하고 스스로 답을 찾아가는 여정이라는 생각이 듭니다'

A씨는 오늘은 어떤 질문이 던져질까? 그 질문이 내 삶에 어떤 파문을 일으킬까? 라는 기대 반 걱정 반으로 코칭에 임했다고 한다. 자

신의 깊숙한 곳에 있는 숨겨진 본연의 모습과 가능성을 스스로 발견할 수 있었고 단점을 개선하는 것에 집중하기 보다 장점을 더욱 더 향상시킬 수 있었다고 말했다.

현재 A씨는 어떤 모습일까? 그는 현재 어마어마한 숫자의 성과를 내고 승승장구 하고 있다. 아마도 A씨는 자신의 성공 경험을 통해서 많은 사람들에게 자신의 진정한 모습을 잘 알게 되면 원하는 삶에 더욱 가까이 갈 수 있다는 것을 온몸으로 전할 것이다.

상대방을 위하는 나만의 방식이 오히려 독이 되는 경우가 종종 있다. 그것은 쌍방향 소통이 아닌 일방적인 소통을 하고 있기 때문이다. 마음이 전해지는 진정한 소통을 원한다면 상대방을 조건 없이 있는 그대로의 모습으로 존중하고 인정해야 한다. 이것이 쌍방향 소통의 전제이다.

TIP 1 : 인정받고 싶은가? 타인을 존재로 인정하라!

- 칭찬은 행동에 대한 것이고 인정은 잘 하려고 하는 의도·가치·의미 등에 대한 것이다.

  칭찬의 예: 숙제를 빨리 끝냈구나. 잘 했어
  인정의 예: 당신은 배려가 많으신 분입니다.

- 남편, 아이, 당신 주위에 있는 사람들에게 하루에 한 가지씩 칭찬 또는 인정하라.

  남편:

  아이:

  친구:

TIP 2 : 인정받고 싶은가? 자신을 존재로 인정하라!

- 당신 자신에게 칭찬과 인정을 말을 해 보라.

마음의 오작교

코치가 된 후의 나의 초기 고객들은 청소년과 대학생들이었다. 꿈이 없는 친구, 꿈을 찾기 위해 자퇴를 하겠다는 친구, 자존감이 낮은 친구, 무엇을 해야 할지 모르는 친구, 우리 아들과 같은 처지에 있는 친구 등 아들의 친구들을 비롯한 지인들의 자녀까지 알음알음 입소문을 타며 많은 아이들을 만나게 되었다.

　코치가 가져야할 가장 중요한 마인드 중 하나는 코칭을 할 때만큼은 자신의 선입견과 판단을 내려놓는 것이다. 물론 쉬운 일은 아니다. 한 번은 과거의 나와 같은 상황에 처한 부모를 만나게 되었다. 아이의 사춘기로 괴로움을 토로하는 아이 엄마의 이야기를 들으며 내 안에서 목소리가 들렸다. '그 정도를 가지고 힘들어 하면 안 되는데. 앞으로 갈 길이 먼데' 나의 경험으로 아이 엄마에게 '이럴 때는 이렇게 하시고 저럴 때는 저렇게 하시는 것이 좋습니다'라는 조언을 해 주고 싶은 마음이 점점 고개를 들기 시작했다.*

이것은 코치가 가져야 할 마인드가 아니다. 아니 코치뿐만 아니라 우리가 대화를 할 때 꼭 배제해야 하는 마인드이다. 우리가 아이들 또는 상대방과 의견이 충돌하게 되었을 때 자신의 의견을 피력하면 할수록 상대방은 입을 다물며 마음의 문을 닫게 된다. 그렇기 때문에 무조건 이해시키기 위해 강요하는 것보다 충분히 상대방 입장에서 공감하고 들어주는 것이 중요하다. 상대방이 어떤 생각을 하는지, 그것이 변명이라 할지라도 선입견 없이 들어주는 것이 절대적으로 필요한 것이다.

김두식 교수는 『불편해도 괜찮아』에서 지랄 총량의 법칙에 대해 이야기한다. 모든 인간에게는 일생동안 쓰고 죽어야 하는 '지랄'의 총량이 정해져 있다는 것이다. 어떤 사람은 정해진 양을 사춘기에 다 써버리고 어떤 사람은 나중에 늦바람이 나서 그 양을 소비하기도 하는데 어쨌거나 죽기 전까진 반드시 그 양을 다 쓰게 되어 있다고 한다. 사춘기 자녀가 이상한 행동을 하더라도 그게 다 자기에게 주어진 지랄을 쓴다는 말로 해석해도 될 것이다.

부모로서 사춘기 아이들을 이해하리란 여간 어려운 일이 아니다. 아이들의 최고의 목표는 즐거움의 욕구를 충족시키는 것이고 그것

---

* 조언, 지시하고 싶은 마음을 코칭에서는 에고(Ego)라고 한다.

을 달성하기 위하여 온갖 상상력과 정보를 동원하여 그것을 행한다. 이럴 때 부모들은 도저히 상식수준에서 생각할 수 없는 행동을 하는 아이들을 보며 '저 아이가 내 자식이 맞나?' 의문을 제기하며 반문하게 된다. 이럴 때 과연 부모들은 어떻게 해야 할까? 가장 중요한 것은 아이를 부모의 방식대로 바꾸려는 시도를 즉시 멈추는 것이다. 그렇게 하는 것이 아이를 빠르게 제자리로 돌아오게 하는 지름길이라 감히 말할 수 있다.

반항심으로 공부와 담쌓고 밖으로 도는 중학생 여자아이를 코칭한 적이 있다. 외국에서 태어난 굉장히 똑똑하고 예쁜 친구였다. 그 친구는 어느 날부터 공부에 손을 놓고 노는 친구들과 함께 조금씩 순차적으로 일탈 행위를 시작하고 있었다. 그 아이를 처음 만났을 때 아이의 치마길이는 속옷이 거의 보일 정도였다. 옷과 머리에서는 담배 냄새가 솔솔 풍겼다. 하지만 화장한 뽀얀 얼굴에서는 순수함과 쓸쓸함이 묻어났다. 아이는 몇 년 동안 이야기를 하지 못한 사람처럼 쉬지 않고 자신의 이야기를 했다.

수많은 이야기 속에서 아이 엄마가 생각하는 기대치와 아이가 생각하는 기대치가 다름을 발견할 수 있었다. 엄마가 힘들게 내려놓은 기대치를 아이는 여전히 높다 여기는 것이다. "공부는 왜 해요? 알바하면 되지. 대학에 갈 생각 없어요. 지금 사귀는 오빠랑 나중에 결혼해서 살 거에요. 하루 4만원이면 충분해요." 이야기를 나눌수록 어쩜 우리 아들이 했던 말과 그리 같은지 놀랍기까지 했다. 아마도 아이들 사이에 매뉴얼이라도 있는 것일까? 그 아이가 부리는 허세와 무언가 희망하지만 의식적으로 그런 꿈을 꾸지 않으려 발버둥 치는 모습이 안쓰럽게 보였다.

미술활동과 코칭을 접목시킨 아트코칭은 이 아이의 호기심을 자극하며 관심을 끌기에 충분했다. 아트코칭을 통해 자신의 지금 상태를 표현한 아이는 내면에 있는 많은 이야기를 하기 시작했다. 코칭 중 하루에 자신의 장점 3~4개씩 찾고 매일 감사할 일 한 가지씩 생각해서 오라는 과제를 내주었다. 이런 과제들을 시큰둥하게 받아들였던 아이는 어느덧 자신의 장점을 스스럼없이 말하는 긍정적인 아이로 변해갔다. 그 변화는 무엇을 해서가 아닌 자신의 이야기를 쏟아냄으로서 스스로를 보듬고 이해했기 때문에 가능한 것이었다. 또한 아이의 깊숙한 곳에서 나오는 내면의 이야기는 진정으로 무언가를 하고 싶게 했고 그것이 무엇인지 스스로 찾게 하였다.

마지막 수업에 아이는 현재의 모습과 미래의 모습을 표현하는 작업을 했다. '전 되고 싶은 것 없어요' 첫 만남에서 했던 말과는 달리 자신의 미래 모습을 반짝반짝 빛나는 열려있는 원형으로 표현했다.

"무엇을 표현했는지 설명해 줄래?"

"저의 미래는 블링블링할 거예요. 이렇게 원을 다 막지 않고 벌려놓은 것은 아직 무엇을 할지 확실히 결정하기 못했기 때문이에요. 시간이 많으니 좀 더 경험하고 받아들이면서 결정할거예요."

아이의 상상력은 놀라웠다. 자신을 객관화시켜 표현하며 그것을 이야기하는 아이는 얼마 전까지만 해도 꿈도 없고 그저 주어진 삶을 수동적으로 사는 아이였다. 그 아이가 단순반응의 삶에서 긍정적이고 주도적인 삶을 선택한 것이다. 코칭이 끝날 무렵 아이는 자신이 태어난 나라의 언어를 배우기 시작했고 제빵 학원에 다니며 나름대로 자신의 꿈을 향해 한 단계 한 단계 오르고 있었다.

"전 나중에 외국에서 커리어 우먼으로 살고 싶어요. 외교관도 되고 싶구요. 하고 싶은 게 너무너무 많아요." 코칭 종료 후 두 달이 지난 어느 날 문자가 왔다. '코치님! 저 이제 영어 학원, 수학 학원도 다녀요. 감사합니다'

이 아이는 굉장히 빠르게 자신의 미래를 꿈꾸는 아이로 변화한 경우이다. 모든 아이들은 변화하고 싶은 욕구를 가지고 있다. 잘못되고 삐뚤어지고 성공하고 싶지 않은 아이는 이 세상에 아무도 없다. 하지만 잠시의 일탈은 돌아갈 자리를 내어주지 않았다. 이미 상대방을 '넌 이런 사람이야!'라고 규정지어 버리기 때문이다. 당신이 내린 상대방에 대한 평가는 그를 당신의 틀뿐만 아니라 상대방을 스스로의 틀에 가두게 할 수 있다. 다시 말해서 아이들에게 '나는 원래 이런 놈이니까!'라며 자신을 비하하고 현재 상태를 합리화하며 그곳에 머무르게 할 수 있다. 그로 인하여 꿈도 잃어버릴 수 있다는 것이다. 우리가 아이의 내면의 소리에 귀 기울이는 순간 아이의 변화는 시작될 것이고 새롭게 태어날 것이다.

마음을 여는 시간, 15분

IT 회사에 근무하는 40대의 B씨는 너무 힘들어 술로 모든 것을 해결하려했다. 잘해 보려는 열정과 마음은 있었지만 제대로 전달되지 않았다. 그 이유를 B씨는 표현하는 방법과 다른 사람의 의중을 잘 몰라서 그랬다고 설명했다. 현재 팀으로 옮기면서 팀장이 B씨를 받지않겠다고 할 정도로 그는 부담스러운 존재였다. B씨 또한 자신을 부담스러워 하는 팀으로 간다는 것이 내키지 않았다. 하지만 B씨의 마음속에 두 가지 마음이 충돌하고 있었다. 잘하고 싶은 마음과 자신을 비난하는 사람들에 대한 분노, 착잡함이 서로 뒤섞여 B씨를 힘들게 하였다.

'이번 기회에 내 이미지를 바꾸어 보자!'라는 마음으로 자신을 부담스러워하는 팀장, 팀원들과 면담을 했다. 그만큼 B씨는 자신의 변화와 이미지 쇄신을 간절히 원했던 것이다. 하지만 B씨는 무엇을 어디서부터 어떻게 해야 할지 몰랐다. 내가 그를 만난 것은 바로 이런 시점이다.

B씨를 처음 만났을 때 그는 약간 경계하는 듯 보였으나 이내 자신의 이야기를 거침없이 쏟아냈다. 코치인 나를 자신을 인정해 주는 유일한 사람이라고 느꼈던 것일까? 이 자리가 자신의 어떤 이야기를 해도 믿을 수 있는 안전한 공간이라고 느꼈던 것일까? 15분의 시간은 상대방이 자신의 방어를 해제하고 믿을 수 있는 공간임을 인식하는 시간이다.

안전한 공간임을 확인한 B씨는 회사에서 꼭 필요한 존재가 되고 싶은 간절한 심정을 이야기했다. 자신을 리스크맨이라 부른다는 말로 시작된 이야기에는 슬픔과 억울함, 처절함과 간절함이 있었다. 마치 한풀이라도 하는 것처럼 그는 끊임없이 자신의 과거와 현재에 대해 이야기했다. 자신이 리스크맨이라 불리는 것도, 지금 현재 자신이 이런 대접을 받고 비난을 받는 것도, 모두 무엇 때문인지 모르겠다고 했다. 그의 뒤죽박죽된 마음에는 다른 사람에 대한 원망도 함께 있었다.

그러던 그가 자신의 부정적인 태도가 자신뿐만 아니라 다른 사람을 부정의 늪으로 빠지게 한다는 사실을 깨닫게 되었다. 사람은 감정이 빠져야 이성적인 생각을 할 수 있다. 그러기에 다른 사람 이야기를 잘 듣는 '경청하기'가 매우 중요한 것이다. B씨는 가슴 속에 있는 응어리들을 떨어버리고서야 비로소 자신과 타인을 긍정적 시각으로 보기 시작했다. 또한 자신과 다른 성격, 생각, 가치 등을 가진 사람들과의 연결을 끊임없이 시도했다. 그는 솔선수범하면서 뛰어다니기 시작했고 다른 사람들의 입장에서 생각하기 시작했다. 드디어 팀장과 팀원들이 B씨를 눈여겨보고 그의 달라진 모습에 관심을 갖기 시작했다. 그는 얼마 후 리스크맨에서 키맨이라는 이름으로 불리기 시작했다.

B씨는 코칭 후 소감을 이렇게 말했다. '코칭은 내 내면의 세계와 외부 세계를 연결해 주는 원천. 두려움과 경쟁의 상대라 생각했던 사람들과의 관계를 상대방의 마음을 얻을 수 있게 하는 것, 함께 일을 펼칠 수 있게 파트너 관계로 인식할 수 있게 도와주는 인식전환의 장이다' B씨는 결국 스스로 마음의 문을 열고 다른 사람과 연결함으로서 그를 지배했던 선입견, 판단, 두려움 등으로부터의 자유를 얻었다.

다음은 간절함과 의지가 부른 연결의 힘에 대한 사례를 소개하고자 한다. 예쁜 얼굴임에도 어두운 그림자와 무거움이 느껴졌던 제조업에 종사하는 그녀. 코칭 이슈에 대해 별로 할 말이 없다며 말을 극도로 아꼈다. 난 그녀와 마음으로 함께 있었고 15분 후 그녀는 자신이 이때까지 말하지 못했던 가슴 속 깊이 묻어 두었던 남편과의 갈등에 대해 이야기를 시작했다. 타인과 마음의 연결은 상대방이 '이 공간이 안전한가?! 내가 무슨 이야기를 해도 상대방이 비판 없이 받아 줄 것인가!' 라는 신뢰의 마음을 가졌을 때 가능한 것이다.

15분이라는 시간은 서로 이 공간을 만들기 위해 조율하는 시간이다. 나는 최대한 그녀의 마음과 함께 있으려 했다. 그녀의 이야기를 들어주고 공감하며 손을 잡아주었다. 그녀는 하염없이 울며 이야기하고 또 이야기했다. 얼마 후 난 그녀에게 원하는 것을 물었다. 남편이 정말 미워서 현재 이혼까지 생각하고 있지만 아직도 그를 너무도 사랑하기에 그와 좋은 관계를 갖고 싶다고 하였다. 나는 코치로서 그녀에게 요청(과제)을 했다.

"진정으로 원하는 것은 무엇입니까?"

"남편하고 다시 좋은 관계를 맺고 싶습니다."

"정말 그것을 원하십니까?"

"네. 만약 내가 그것을 원하지 않았다면 벌써 이혼했을 겁니다."

"그럼 제가 요청하나 드려도 될까요? 요청은 과제같은 것입니다. 좋은 관계를 위해 무언가 하겠다는 의지가 1부터 10까지 얼마나 됩니까?"

"……."

"정말 원하는 것이 좋은 관계를 원하는 것 맞습니까?"

"네! 10입니다. 해보겠습니다."

난 평소에 어떤 방식으로 대화를 하는지를 물었다. 그녀는 딱 5분이 되면 자기 합리화하며 변명하는 남편 앞에 있는 것이 고역이라고 말했다. 5분이 지나면 가슴속에 천불이 나서 어김없이 자리를 박차고 나오게 된다고 말했다.

"그럼 지금 제가 경청한 것처럼 남편 말을 딱 15분만 들어줄 수 있나요? 뭔가 속에서 부글부글 끓어 오를 지라도. 딱, 15분만."

"네! 해 보겠습니다."

2주 후 그녀를 다시 만났다. 무슨 일이 있었던 것일까? 예전의 무거운 그림자는 찾아 볼 수 없었고 대신 맑고 투명하게 봉숭아 빛으로 피어난 그녀의 화사한 얼굴과 밝고 가벼운 분위기를 느낄 수 있었다. 그녀는 해냈던 것이다. 예전에는 5분 이상 하지 못했던 경청을 15분하다 보니 전혀 상상하지 못했던 이야기를 들었다고 하였다. 남편이 자신을 어떻게 생각하는지에 대한 이야기다. 결국 15분의 경청으로 남편의 마음을 알게 되었던 것이다. 경청 후 처음으로 남편과 마음으로 소통하게 되었고 이혼의 문턱에서 새로운 출발을 하게 되었다.

이 세상에는 두 종류의 사람이 있다고 한다. 말하는 사람과 말하기를 기다리는 사람. 그만큼 말하고 싶은 사람이 많다는 것이다. 다른 사람의 이야기를 판단, 비난하지 않고 들어준다는 것은 그 사람을 있는 그대로 존중한다는 것이다. 상대방의 이야기를 온전하게 들어줄 때 상대방은 스스로에게 설득되고 문제의 해결책을 찾는다. 상대방의 변화는 누군가의 경청으로부터 시작되는 것이다.

TIP 1 : 상대방의 변화를 원하는가? 평가하지 말고 경청하라!

- 당신은 자기중심적으로 경청하는가? 상대방 중심으로 경청하는가? 자신의 선입견, 판단 등을 내려놓고 상대방 중심으로 경청하라.

TIP 2 : 좋은 관계를 원하는가? 인내로 경청하라!

- 뭔가 속에서 '훅' 하고 올라올지라도 꾹~ 참고 경청해보라.

제 3 장

행복한 전업맘,
잠재된 끼를 발휘하다

선택은 나만의 창조적 정답

"엄마, 나는 대학에 안 갈 거야. 대학 따위 갈 필요 없어. 나 장사할 거야." 큰아이가 고등학교 2학년 때까지 한 이야기다. "난 파티쉐가 되고 싶어. 제빵 학원에 지금 당장 다니는 게 좋겠어. 나 자퇴할래." 작은 아이가 고등학교 1학년 때 한 이야기다. 절대 대학에 가지 않겠다는 큰아이는 당시 자신이 대학에 갈 수 없는 상태였기에 대학을 포기했다. 또한 작은아이는 공부에 대한 의욕 상실을 포장하기 위하여 전문직에 대한 환상을 가지고 대학을 가지 않고 자퇴를 하겠다는 결론을 내렸다.

아이들이 자퇴를 하는 진짜 이유는 여러 가지 형태로 나타난다. 첫째, 성적만으로 평가받는 학교나 집안 분위기에 상처 받아서. 둘째, 친구들 사이에서 소외되고 있거나 이미' 소외된 경우. 셋째, 진정으로 자신이 원하는 것을 찾고자 하기 때문에 등등 여러 가지 유형으로 나타난다. 하지만 조금 더 깊이 있게 들어가면 보통 셋째의 경우에도 둘째의 경우가 원인이 되는 것을 흔히 볼 수 있다.

어느 날 갑자기 대학을 가지 않겠다는 큰아이, 자퇴하겠다는 작은아이의 말은 나를 또 한 번 시험대에 오르게 했다. 내 안에는 항상 이중적인 마음이 있었던 것 같다. 아이의 선택을 믿고 지지해 주는 마음과 아직 성숙하지 않음을 비난하며 내가 생각하는 옳은 방향으로 이끌고 싶은 마음. 이 마음은 나를 혼란에 빠트렸고 깊이 생각하게 만들었다. '아! 내가 아직 아이를 믿지 못하고 있구나!' '내 마음 속에 정답이라는 것을 가지고 이야기하고 있구나!' 과연 이 세상에 정답이라는 것이 있을까?

큰아이는 '대학에 가지 않겠다'고 선언 후 고1 때부터 고깃집 아르바이트를 시작했다. 하지만 향후 퓨전식당, 프랜차이즈 경영의 꿈을 야무지게 꾸는 큰 아이를 난 적극 응원하였다. 이 응원은 어떻게 할 수 있었을까? 아이가 중학교 1학년 때부터 공부에 담을 쌓았고 고등학교 1학년이 되었다. 그 상태에서 자신의 미래에 대한 그림을 그렸기 때문에 지지할 수 있었던 것이다. 여기에는 나의 기대와 욕심은 이미 없었다. 그런데 문득 이런 생각이 들었다. 우리 아이는 정말 대학에 가고 싶지 않은 걸까? 아이가 먼 훗날 자신의 결정을 후회하지 않게 하기 위해서 필요한 것이 무얼까? 나는 아이 스스로 자기 자신을 점검할 시간이 필요하다고 생각했다. 고2 겨울 방학이 끝날 무렵 아이에게 질문했다.

"아들아! 만약 지금 있는 그대로의 모습으로 대학에 갈 수 있다면 대학에 대해 어떻게 생각하겠니?" 절대로 대학에는 가지 않겠다는 아이가 갑자기 혼란스러워했다. 그리고 일주일 후 아이는 내게 물었다. '엄마! 내가 이 상태로 대학에 갈 수 있어?' 아이는 대학 생활을 하고 싶었던 것이다. 나는 남아 있는 시간 동안 갈 수 있는 대학을 찾아 그것을 위해 최선을 다한다면 가능성이 있다고 이야기해 주었다.

얼마 후 큰아이는 두 달 반 동안 폭풍 같이 공부에 몰입하기 시작하였다. 큰아이의 친구들이 "너 미친 것 아니냐?"라는 말을 할 정도로 열정적으로 공부했다. 그런 아이를 보며 '아! 마음만 먹으면 정말 무엇이든지 할 수 있구나!'라는 아이에 대한 믿음이 더욱 커졌다. 그렇게 우여곡절 끝에 큰 아이는 전문대에 진학했다. 만약 내가 대학을 가라고 강요했다면 어떤 일이 있었을까? 과연 몰입하는 큰아이의 모습을 볼 수 있었을까? 나는 또 한 번 깊은 깨달음을 얻었다.

첫째, 정답이라 규정짓는 순간 자신의 틀에 갇혀 타인을 조정하고 싶어진다는 것. 둘째, 믿음으로 시행착오를 바라봐주어야 한다는 것. 셋째, 타인의 결정을 믿어 주는 것이 타인에게 동기부여 된다는 것. 넷째, 나와 다른 결정을 내린 상대방과의 소통은 무엇보다도 중요하다는 것을 온몸으로 느꼈다. 아울러 위대한 힘인 고민 끝에 내린 결정에 책임을 지는 것, 그 자체가 자신만의 창조적인 답이라는 것도 깨닫게 되었다.

큰아이의 자유로움이 부러웠던 것일까? 사춘기를 호되게 치르지 못함이 억울했을까? 나는 뜻하지 않은 복병에 적잖게 당황했다. 작은아이는 남들이 가고 싶어 하는 기숙형 고등학교에 입학했다. 하지만 입학한지 딱 15일 만에 자퇴 아니면 전학해 줄 것을 요구했다. 갑자기 뒷목이 뻣뻣하고 머리가 아프기 시작했다. '과거의 나였다면 감히 호랑이 엄마 앞에서 입도 뻥끗 못 했을 텐데. 내가 너무 의견을 존중해주었나?'라는 후회도 살짝 밀려왔다.

난 다시 코치의 모자를 꺼낼 수밖에 없었다. 엄마 입장에서는 객관적으로 판단할 수 없을 것 같았기 때문이다. '전학은 절대 안돼. 그 학교가 얼마나 좋은 학교인데' 내 안에 이런 생각들이 가득 차 있었기에 작은아이를 편하게 대할 수가 없었다. 코치의 모자도 나의 욕심이 올라옴을 닦기 어려웠다. 도저히 이해할 수 없는 이야기를 하는 작은아이를 윽박질러 다시는 그런 말을 하지 못하게 하고 싶었다. 호되게 꾸짖고 싶었다. 또한 답답하고 화가 났다. 하지만 난 조용히 코치 모자를 꾹 눌러 쓰고 2주에 한 번 논산으로 내려갔다. 그리고 나의 아들을 아들이 아닌 고객처럼 생각하고 대했다.

하지만 비워도 비워도 비워지지 않는 것이 사람 마음이라 했던가? 다른 아이들을 코칭할 때처럼 중립적으로 들을 수 없었다. 다른 사람들에게는 행복이 중요하다고 말하면서 정작 우리 아들이 불행하다며 울부짖는 것을 보면서도 나의 욕심이 또 올라왔다. 슬프게도 나의 이중적인 내 모습을 다시 한 번 보게 된 것이다.

'엄마도 다른 엄마들과 똑같아'라고 했던 아이! 이 아이가 변하기 시작했다. 엄마의 깨달음을 감지했던 것일까? 마음을 열고 진솔한 이야기를 하는 작은아이와의 대화 속에서 난 놀라운 것을 발견했다. 언제부터인지 아이는 내가 당황스러울 정도로 논리적으로 이야기하고 있었던 것이다. 난 작은아이에게 말했다. '아들아! 너 말을 논리적으로 너무 잘하는 것 같아. 엄마 완전 놀랐어!' 아이는 갑작스런 나의 말에 놀라는 표정을 지으며 이내 말을 이었다. '엄마! 솔직히 엄마의 말발을 당해 낼 수가 없잖아? 그래서 나 책 진짜 많이 읽었어! 그런데 책을 읽다보니 내가 심리학, 코칭에 관심이 많이 있다는 것을 알았어! 나도 엄마처럼 코치로서 상담사로서 일 하는 것도 재미있을 것 같아!'

갑자기 웃음이 터졌다. 엄마의 말발을 누르기 위해 책을 읽었다고? 나는 아이와 계속 소통했고 고민에 고민을 거듭한 결과 결국 아이를 전학시켰다. 나의 선택이 옳았을까? 아이는 자신의 선택을 옳다고 생각하고 있을까? 문득 '좀 더 버티어 그곳에 놔두었으면 어땠을까? 그러면 공부를 더 열심히 하지 않았을까?' 하는 후회도 했다. 하지만 전학 후 학교에서 행복하게 지내는 아이를 보며 인생에 있어 정답은 없다는 것과 자신이 선택한 길이 정답이라는 생각이 스쳤다.

아울러 신념은 있으되 한 가지 대안만을 가지는 것은 위험하다는 것도 깨닫게 되었다. 1안 만이 아닌 2안, 3안 아니 그보다 더 많은 대안이 있을수록 우리의 삶은 여유로워질 것이다. '절대적으로 대학은 가야해, 자퇴는 절대 안 돼' 이것이 정답이라고 규정짓는 순간 우리는 자신만의 좁은 프레임에 갇히게 된다. 나와 상대방이 삶의 주체로서 가치 있게 생각하는 것이 무엇인지 그것을 통해 무엇을 궁극적으로 이루고 싶은지도 아울러 생각해야 한다.

나의 가치는 행복과 기여이다. 작은아이의 가치는 행복이다. 작은아이는 체계적인 시스템이 아닌 자신의 계획으로 여유 있고 즐겁게 공부하고 싶었던 것이다. 내가 그것을 받아들였을 때 다른 사람들은 나에게 이런 이야기를 했다. '고등학생이 무슨 행복 타령이야. 행복 타령은 대학에 가서하지' 물론 아이는 전학하기 위해 자신이 내놓은 공약의 절반도 지키지 못했다. 하지만 난 아이를 존중했다. 그리고 믿었다. 현재 시행착오를 거쳐 스스로 동기부여하며 자신의 플랜으로 한 단계 한 단계 계획한 바를 이루고 있는 작은 아이가 대견했다. 나에게 가장 필요했던 것은 바로 기다림이었던 것이다. 이 사례로 난 다시 한 번 내 안에 나를 비워낼 수 있게 되었다.

대부분의 부모의 마음은 거의 비슷할 것이다. 아이가 시행착오 없이 시원하게 뻥 뚫린 고속도로를 달리기 원한다. 누군가 이렇게 질문했다. '100세 시대를 일컫는 이 때 조금 돌아간들 길을 살짝 헤맨들 어때요?' 난 속으로 반박했다. '무슨 소리에요. 타이밍이 얼마나 중요한데요!' 하지만 내가 간과한 것이 있었다. 이 타이밍도 나만의 타이밍이었던 것이다. 뻥 뚫린 고속도로가 아닌 잠시 돌아가며 겪는 여러 가지 경험이 또 다른 힘이 될 것이라는 것을 우리는 잘 알고 있다. 하지만 아는 것과 행하는 것과의 거리는 멀기만 하다.

‘창의적인 사람이 되어라’ ‘주도적인 사람이 되어라’ ‘열정적으로 몰입해라’ 우리는 이런 말을 많이 한다. 하지만 잘 닦여진 고속도로를 달리는 아이들이 창의적일 수 있을까? 주도적일 수 있을까? 열정적으로 몰입할 수 있을까? 자신이 스스로 생각하고 선택했을 때 즐거움과 열정, 그리고 몰입이 가능한 것이다. 우리에게 필요한 것은 아이의 마음에 들지 않은 선택과도 소통할 수 있는 여유와 수용, 기다림일 것이다. 또한 아이의 결정이 옳은지 스스로 점검할 수 있도록 도와 줄 수 있어야 하는 것이다.

나에게 가장 큰 통찰을 주었던 비행소년이었던 큰아들. 자신의 의지로 행복한 학창시절과 주도적 학습을 하기 위해 전학을 선택한 작은아들. 이미 선천적 코치로서 묵묵히 나를 지지하고 격려해 준 우리 남편. 아낌없는 헌신적인 사랑을 준 엄마. 이제는 이들에게 말할 수 있다. “네가 내 아들이어서 정말 행복하고 자랑스럽다. 사랑한다.” “당신이 있음이 내가 존재하는 이유입니다.” “헌신적인 엄마. 엄마가 내 엄마여서 정말 기쁘고 행복합니다.” 이 모든 것에 감사할 수 있음에 또한 감사한다.

불확실한 미래에 대한 불안함과 두려움은 누구나 가지고 있을 것이다. 우리의 삶 속에서 일어나는 일들에 대한 순간순간의 알아차림은 당신에게 어떤 어려움도 극복할 수 있는 삶의 지혜를 줄 것이다. 또한 당연하다고 여겼던 작은 일에도 감사하는 것은 삶의 여유뿐만 아니라 멋진 미래를 그릴 수 있게 할 것이다.

우리는 경험을 톻한 자신만의 틀을 가지고 있다. 그 안에서의 성공과 실패 경험은 관성이 도어 우리를 지배할 수 있다. 자신이 추구하는 가치는 선택의 기로에서 자신만의 창조적 해답을 찾는 기준이 될 것이며 새로운 세계의 방향을 제시할 것이다.

TIP 1 : 올바른 선택을 원하는가? 가치를 추구하라!

- 당신이 중요하게 생각하는 가치는 무엇입니까?

TIP 2 : 풍요로운 삶을 원하는가? 많은 대안을 가져라!

- 한 가지 대안은 생각의 폭을 좁힌다.
  질보다 양으로 승부하라. 많은 대안을 생각해 보라.

엄마의 자기혁명

성장의 디딤돌을 믿어주는 한사람

지금까지 코칭한 부모 중에서 롤모델이 될 만한 한 부모를 소개하고 싶다. 공부도 잘하면서 야구를 사랑하는 초등학교 고학년 남자아이의 부모다. 아이는 자동차 디자인과 야구 중 진로를 정해야 하는 갈림길에 놓여 있었다. 아이는 코칭 후 '나중에' 회사에 다니면서 야구를 해도 될 것 같다'는 결론을 내렸다. 하지만 나중에 들려온 소식은 나를 놀라게 했다. 그 아이가 야구를 자신의 길로 정했다는 것이다. 또한 야구부가 있는 중학교에 가기 위해서 이사를 한다는 소식도 전해 들었다.

이 소식을 듣는 순간 가슴이 '철렁' 내려앉았다. 과연 내가 아이의 인생에 옳은 선택을 하도록 도와준 것일까? 나는 부모 입장에서 생각해 보았다. 보통의 부모라면 "야구 선수는 아무나 되는 줄 알아? 공부하기 싫다고 꾀부리지 말고 공부나 해!" 또는 "야구 중학교에 떨어질 실력이면 나중에 야구 선수는 되기 어렵다.”고 으름장을 놓았을 것이다. 하지만 이 부모는 아이의 행복을 우선순위에 두었다. 아이를 믿고 어떤 선택이든 지지해 주었고 아이에게 열린 마음을 갖고 있었다. 아이의 부모는 아들 입장에서 최대한 생각하고 기다려 주며 아이가 진정으로 원하는 것을 지지하고 그 선택을 존중해 주었다. 그 아이는 지금 야구 고등학교에 진학해서 행복한 고등학교 시절을 보내고 있다고 한다.

김주환 교수의 『회복 탄력성』은 삶의 어떠한 역경에도 굴하지 않은 강인한 힘의 원동력이 되는 속성에 대해서 이야기하고 있다. 그것을 에미 워너는 ‘회복 탄력성’이라 불렀고 이는 어려운 환경 속에서도 꿋꿋이 제대로 성장해 나가는 힘을 발휘한 아이들이 예외 없이 지녔던 공통점이라고 하였다. 또한 어떤 경우에도 그 아이의 입장을 무조건적으로 이해해 주고 받아주는 어른이 적어도 그 아이 인생에 한 명은 있었다는 것도 밝혀졌다. 믿는다는 것이 얼마나 중요한지를 깨닫게 하는 사례를 소개하고자 한다.

틀에 메이는 것을 싫어하고 가출 경험이 있는 아이를 코칭한 적이 있다. 거의 반 강제적인 부모의 권유에 못 이겨 결정했기에 아이는 전제 조건을 내걸었다. 한 번 코칭 받아본 후 결정한다는 것이었다. 난 아이의 집을 방문했다. 아이의 방 책상 위에 2,000피스 정도 맞추다 중단한 퍼즐과 피아노 위에 악보가 펼쳐져 있었다. 난 퍼즐에 대해 이야기했다. “퍼즐은 굉장한 집중력을 요해서 집중력이 좋은 사람이 퍼즐을 좋아한다는데 퍼즐 좋아하나보구." 아이는 날 빤히 쳐다보며 빙그레 웃었다. 우리의 첫 대화는 이렇게 시작되었다.

얼마 지나지 않아 아이는 자신의 일상에 대한 이야기부터 일탈 경험까지 다양한 이야기를 했다. 그 이야기는 자연스럽게 자신이 자라온 어린 시절 이야기로 연결되었다. 자신의 아픔, 슬픔, 트라우마 등을 이야기하는 내내 아이의 눈에 흐르는 눈물은 멈추지 않았다. 무엇이 아이를 저토록 슬프게 했을까? 무엇이 이 아이를 그토록 아프게 했을까?

나는 아이에게 무엇을 어떻게 해야 한다는 말보다는 그저 가슴으로 전해지는 그 이야기를 들어주며 조용히 손을 잡아 주었다. 얼마 후 나도 모르게 내 눈에도 눈물이 고이기 시작했다. 얼마나 지났을까? 우리 두 사람의 눈에서 하염없이 눈물이 흘러내렸고 이렇게 첫 대화를 마쳤다. 아이는 첫 대화 이후 두 번째 코칭을 하겠다는 의지를 자발적으로 밝혔다. 그 이유는 지금까지 여러 선생님에게 상담받아 봤지만 자신을 위해 진심으로 눈물을 흘려준 유일한 단 한 사람이 나였다는 것이었다. 그 이후 우리는 마음으로 통하는 코칭을 시작했다. 모든 관계에서 가장 중요한 것은 바로 진정성, 진실성이라는 것을 확인하는 순간이었다.

청소년 시기는 신체적으로는 성숙해지지만 부모의 의존과 독립 사이에서 혼란을 겪는 정체성 혼란의 시기이다. 이 시기에 아이 자신의 생각을 가감 없이 들어주는 사람, 마음껏 미래를 꿈꿀 수 있도

록 해 주는 사람, 관점·행동·인식을 바꿀 수 있도록 도와주는 사람
이 필요하다. 그 대상이 부모가 될 수도 롤 모델이 될 수도 또는 코
치가 될 수 있다. 아이가 의미 있게 생각하는 대상이 아이에게 단 한
사람이라도 있다면 그 아이의 미래는 달라질 것이다.

위인들의 자서전이나 연예인들의 성공 체험을 보면 공통적으로 하는 말이 있다. 그들에게는 믿어주는 한 사람이 반드시 있었다는 것이다. 부모·스승·친구·상사·동료 등 오로지 자신을 믿어주는 한 사람이 있었기에 성공할 수 있었다고 말한다.

TIP : 다른 사람을 성장시키고 싶은가? 믿어주는 한사람이 되라!

● 당신을 믿어주는 한 사람은 누구입니까?

● 당신은 누구의 성장 디딤돌이 되고자 합니까?

나만의 노하우

오늘도 여느 때랑 득같은 아침을 맞았다. 작은아이 고등학교 2학년 때 일이다. 작은아이가 깨우지도 않았는데 일찍 일어나 화장실로 달려간다. 어제 저녁 형이랑 둘이 치킨을 시켜 먹고 탈이 난 모양이다. 아이는 말한다. "엄마! 나 장염인가봐! 열도 있고 감기와 겹쳤나봐." 당신은 이 이야기를 듣고 어떤 생각이 떠오르는가?

'엄마 나 장염인가봐' 라는 말에서 풍기는 여러 가지 분위기가 작은아이의 욕구를 짐작하게 했다. 나의 내면에는 아이의 있는 그대로의 모습을 존중하려는 마음인 온마(온전하게 무조건적으로 사랑하는 마음)와 내가 원하는 것을 했을 때 이해되는 마음인 조마(조건적으로 사랑하는 마음) 두 가지 마음이 있다. 조마의 마음이 이렇게 말한다.

'핑계김에 학교를 결석하고 싶군. 분명히 한나절만 지나면 멀쩡해질 것 같은데. 지금 때가 어느 때인데. 고2 아닌가! 아파도 정신 똑

바로 차리고 공부해도 모자라는데. 얘는 왜 이리 미꾸라지처럼 요리조리 빠져나갈 궁리만 할까? 마음잡는다는 말만 골백번도 더 했는데 그 마음은 도대체 언제 잡으려 하지? 이러다가 고등학교 졸업하겠다'

우리는 내가 어떤 생각과 행동을 하는지 알아차리는 것이 중요하다. "아, 나의 조마가 이야기하고 있구나!" 하고 알아차리고 숨고르기 후 부드럽고 온화하게 "그럼 어떻게 하고 싶은데?"라며 작은아들에게 질문하였다. 이 질문은 나의 판단하는 마음을 내려놓으려는 의도를 가진 질문이다. 하지만 나의 속마음은 이렇게 나지막이 속삭인다. '너 어떻게 할 거야? 또야? 맨날 미꾸라지처럼 안할 생각만하고 있어. 극복해야지? 때가 어느 때인데'

결과는 어떻게 되었을까? 이렇게 우아한 질문에도 아이는 나의 조마를 순식간에 읽어 버렸다. "엄마는 나보다 공부, 학교가 더 중요하지? 그렇지 뭐. 엄마가. 엄마는 날 믿지 않아?" 아이는 소리친다. "그런 것이 아니고……" 하지만 이미 버스는 떠나버렸고 나도 화가 나기 시작한다. '학교를 못 갈 정도는 아니잖아? 솔직히' 조마의 속삭임이 다시 올라왔다. 아이의 아프다는 말은 다 핑계처럼 들리며 그 아이의 아픔보다는 학교를 안 간다는 것에 초점이 맞춰져 마치 태풍이 몰아치듯이 한 순간에 훅 화가 올라왔다 내려간다.

나는 코치 모자를 꺼내 깊숙이 눌러썼다. 이상하게도 코치 모자를 쓰고 온마로 아이를 바라보니 그런 아이가 귀엽게 느껴졌다. "어제 치킨 먹은 것이 잘못되었나? 설사 많이 했니? 열은 없고?" 일단 아이에게 공감해 주고 관심 가져 주었다. 약을 먹이고 손을 만져 주고 이마를 어루만지면서 이야기한다. "우리 아들. 열은 안 나네? 다행이다. 설사 때문에 힘들어서 어떻하지? 쉬고 싶은 마음이 있겠다." 우리에게는 규칙이 있었다. 학교를 가지 못할 정도가 아니면 일단 학교가기. 규칙을 알고 있음에도 아이는 그 규칙 사이로 빠져 나가고 싶었던 것이다.

"이러면 어때? 일단 아빠께 데려다 달라고 해서 가 보고 정 힘들면 다시 조퇴하고 오는 것도 방법인 것 같은데 넌 어떻게 생각해?" 이상한 일이 일어났다. "알았어? 그런데 나 발표가 있어서 출력해서 가야 해. 조퇴를 하더라도 친구들에게 주고 와야겠어요." '진작 좀 챙기지' 내 내면의 조마가 이렇게 말하고 있지만 내 안에 짜증이 생기지 않는 것이 느껴졌다. 아이는 현관을 문을 나섰다.

휴우. 숨을 몰아쉬었다. 내 자신에게 박수를 보내고 싶었다. 나는 스스로에게 인정했다. '너 정말 감정을 절제하고 대화를 잘했어.' 한바탕 전쟁터가 될 뻔한 아침을 고요하게 맞이하게 됨에 감사함과 편안함을 느꼈다. 당신은 어떤 아침을 맞이하는가? 당신의 하루하루는 어떤가?

감점 컨트롤, 알아차리기, 질문하기, 공감하기 등을 자유롭게 한다면 당신은 이미 고수이다. 아주 작은 것, 쑥스러움에 몸이 오그라져도 실천하는 것은 매우 중요하다. 그것 못지않게 '그렇게 한들 뭐가 달라지겠어?'라는 의심을 과감하게 밑으로 내려놓는 것은 절대적으로 필요하다. 일단은 무조건 한 번 해 보는 것이다. 성공은 아주 작은 성공 경험에서 비롯된다.

우리가 칭찬과 인정을 할 때는 보통 화자에 오르내릴 수 있는 큰 성공을 했을 때다. 큰 성공은 작은 성공에서 온다는 사실을 알면서도 작은 성공을 시시하다 여긴다. 인정은 행동의 촉매제이다. 작은 성공의 축하는 우리를 더욱 큰 성공으로 이끌 것이다.

TIP : 성공하고 싶은가? 작은 것부터 실천하라!

- 경청하기, 질문하기, 경청하기 등 일주일 이내에 할 수 있는 한 가지를 정해서 실천해 본다.

행복한 삶, 행복한 가정의 첫걸음!
엄마의 도전

나는 청소년 코칭에서 출발했지만 오래 전부터 비즈니스 코치가 되고 싶은 꿈이 있었다. 전문코치로 입문하기 전 노트북을 들고 멋지게 차려입고 출근하는 커리어 우먼을 보며 부러워했던 기억이 있다. 한 번은 아는 분에게 "정말 멋있는 것 같아요. 커리어 우먼. 나도 되고싶다. 나도 회사 다니고 싶다." 나의 이런 이야기에 그녀는 답변한다. "멋있기는 뭣이 멋있어. 매일 만원인 지옥철 타고 이 무거운 노트북 들고 출근해봐. 이게 멋있는지." 하지만 난 부러웠고 그 부러움은 내 무의식에 고스란히 저장되어 있었다.

엄마의 꿈인 피아니스트가 마치 내 꿈인 것처럼 착각한 나. 마흔이 넘어서까지 조직 생활은 해 본적도 없거니와 조직 문화가 어떤지 접해 본 적도 없던 나였다. 이런 내가 비즈니스 코치가 되고 싶다고 하니 기가 막힌 듯 보는 사람, 이해할 수 없다는 눈초리를 보내는 사람들이 있었다. 난 그들의 따가운 시선을 온 몸으로 느껴야 했다. 지인들은 무모한 도전보다 자신이 잘 할 수 있는 것을 하는 것이 효과적이라고 이야기했다. 또한 조직 경험이 없는 코치에게 코칭을 맡기는 회사는 거의 없을 것이라고도 말했다.

거기에 한술 더 떠서 내 마음속에서 조차도 이런 속삭임이 들렸다. '넌 아직 준비가 안 됐어. 경험이 너무 없어. 지금 이대로도 좋잖아' 마음속의 부정적인 생각, 한계, 잡념, 열등감, 자포자기, 분노, 의지박약, 부질 없는 걱정 등이 나의 의지를 약하게 만들었다. 이런 내 안의 갈등은 나를 더욱 힘들게 했다. 안정적인 것을 선택하자니 후회와 아쉬움이 남을 것 같고 도전적인 것을 선택하자니 두려움이 엄습했다.

상담 대학원처럼 막연한 환상만 품다가 좌절하게 될까봐 두렵고 불안했다. 하지만 지금은 혼자가 아니었다. 나에게 나를 믿어주는 멘토 코치가 있었다. '당신이 코치로서 여기까지 올 수 있었던 원동력은 무엇입니까?' 나는 어느새 나의 강점을 이야기하고 있었고 그것과 연결하여 비즈니스 코치로 나갈 수 있는 방법을 스스로 이야기하고 있었다. 그렇게 나의 비즈니스 코치로서 새로운 도전이 시작된 것이다.

우선 난 전문코치가 되기 위해서 자격을 취득해야만 했다. 백그라운드가 없었던 나로서 할 수 있는 것은 필요한 자격을 획득하는 것이었다. 그것을 취득하기 위해서 서류심사, 필기시험, 실기시험을 통과해야 했다. 그 첫 번째 관문인 서류심사를 통과하기 위해서는 실제 고객의 실습시간이 많이 필요했다. 처음 코칭을 시작할 때처럼 다시 한 번 고객이 절실하게 필요한 시점이었다. 하지만 청소년 고객만 만나 본 나로서 기업에 종사하는 고객을 만난다는 것은 쉽지 않은 일이었다.

끌어당김의 법칙이 작동했을까? 간절히 소망하면 이루어진다 하더니 어느 날 기적같은 일이 일어났다. 나에게 기회가 찾아온 것이다. 비즈니스 코치가 되기 위한 수업에 함께 참여했던 동료 코치가 자신의 회사에서 코칭할 수 있는 기회를 준 것이다. 현재 나의 모습을 아무런 판단과 조건 없이 있는 그대로 인정하고 믿어 준 것이다. 진정어린 마음으로 나를 믿어 주어서였을까? 그 기대에 부합되게 잘 하고 싶은 마음이 내 안에서 용솟음쳤다. 감사함으로 나는 그 어느 때보다 열심히 공부하며 코칭했다.

질문을 외우고 관련 서적을 읽고 교재를 외우는 등 하루에 12시간 이상을 코칭에 매달렸다. 입만 열면 코칭 이야기를 하는 나를 지겹다 생각했던 사람도 분명 있었을 것이다. 나는 코칭과 완전한 사랑에 빠진 것이다. 감기로 열이 40도 이상을 오르락 내리락 하면서도 멘토 코치의 워크숍에 참여한 나를 보며 멘토 코치는 말했다. "앞으로 3년 후에는 이은아 코치를 우러러 볼 것이다. 지금 이은아 코치는 코칭이라는 사랑의 열병을 앓고 있다." 이 인정의 말은 현재까지 나를 어떤 역경과 어려움 속에서 꿋꿋하게 지탱하는 원동력이며 나를 앞으로 정진하게 하는 내적 힘이다.

우리는 이렇게 말한다. '아이를 믿는다' '남편을 믿는다' '나는 내 자신을 믿는다' 우리는 진심으로 의심 없이, 조건 없이, 지금 현재 그대로의 모습의 아이를 남편을 자기 자신을 믿고 있는지 한번쯤 진지하게 반문해 보아야 한다. 우리는 어쩌면 믿는다는 것이 어떤 것인지 잘 모를 수도 있다. 믿는다는 것은 그 사람의 존재를 인정하는 것이다. 믿는다는 것은 상대방을 그가 가지고 있는 능력·권력·재산·직업 등과 동일시하지 않고 오로지 존재만으로 진정성을 주고받는 것이다. 진정한 믿음과 신뢰에 대한 정확한 이해가 생겼을 때 비로소 나 자신을 사랑하고 타인을 사랑할 수 있는 것이다. 이 사랑과 신뢰의 토양은 도전의 씨앗을 뿌리내리게 할 것이다.

당신이 아내로서 당신 안의 또 다른 자신을 만나 미래를 꿈꾸고 도전하며 가슴 뛰는 삶을 산다면, 당신이 남편으로서 직장에서 당신 안의 또 다른 자신을 만나 미래를 꿈꾸고 도전하며 가슴 뛰는 삶을 산다면 당신의 아이들은 당신들을 보며 어떤 삶을 살고 싶어 할까? 당신의 가정은 어떤 모습일까?

행복한 가정을 만들고자 한다면 자기 자신과 상대방을 온전하게 믿을 수 있어야 한다. 이 믿음은 자신감이 될 것이다. "생생하게 상상하라! 진정으로 믿으라! 진정하게 소망하라! 열정적으로 실천하라! 그러하면 무엇이든지 반드시 이루어질 것이다." 폴 마이어의 이야기다. 용기있는 당신! 유연한 당신! 도전하는 당신! 인생 2막의 멋진 미래는 당신 것이다.

TIP : 행복한 삶을 원하는가?
　　　깨어나라! 알아차려라! 그리고 자신을 믿어라!

나를 찾아 떠나는 여행
(GROW 모델 지도)

이 인생 그래프는 지금까지 당신의 생각을 정리하고 인생굴곡이 당신에게 주는 의미가 무엇인지에 대한 성찰을 도울 것이다. 또한 GROW 모델 지도는 당신을 멋진 미래로 이끌어 줄 항로의 길잡이가 될 것이다.

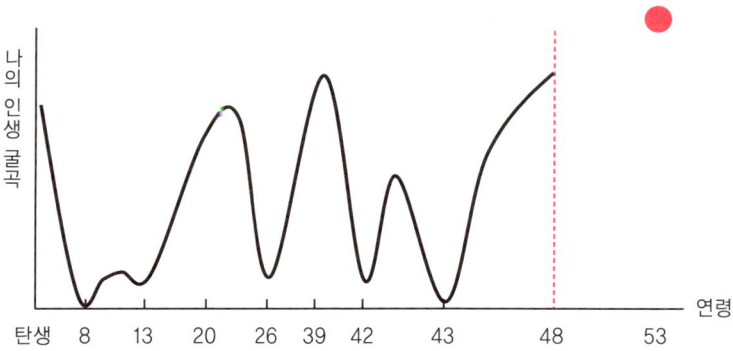

- 8세 : 낮은 이유 — 동생 탄생

  빼앗김에 대한 두려움
- 13세 : 낮은 이유 — 중학교 입학 후 열등감
- 20세 : 높아지는 이유 — 대학교 입학 후 만족감

  아르바이트로 수입 증가

  자신감 상승
- 26세 : 낮은 이유 — 친구들의 결혼

  높은 열등감과 불안감

  만트라(자기주문 : 넌 잘 될거야!)
- 39세 : 높아지는 이유 — 두 아이 탄생

  순응하는 아이에 대한 대리만족
- 42세 : 낮은 이유 — 아이의 사춘기

  컨트롤할 수 없는 것에 대한 좌절 ·

  허무함 · 분노

  높아지는 이유 — 상담사의 꿈

  희망, 필요한 존재, 족적을 남기고

  싶다는 열망

  긍정성
- 43세 : 낮은 이유 — 상담사 꿈 좌절, 존재이유 상실

  '나는 꼭 해야 된다'라는 당위적 생각에서

  오는 압박, 좌절, 수용과 포용력 결여

8세 때와 같은 수준

- 48세(현재상태) : 높아지는 이유 ─ 새로운 꿈과의 만남

  가치추구(감사, 행복, 기여)

  수용력, 포용력 증가

  존재 인정, 자존감 상승

  새로운 도전

- 53세(미래모습) : 박사학위 취득

  희망, 열정, 행복 아이콘으로서

  Art-Expression Coaching 국내, 전 세계 전파

  전국 행복의 코칭 시스템 구축

- 나의 강점 : 회복 탄력성, 긍정성, 끈기, 근성, 인내, 포용력 등
- 나의 성장 방해 요소 : 열등감, 자기 의심, 불안, 경쟁의식,

  당위적 생각 등

GROW 모델

- Goal : 진정으로 원하는 것은 무엇입니까?
- Reality : 현재상황은 어떻습니까?
- Option : 그것을 위해 어떤 것을 하셨습니까? 또는 어떤 것을 해 보시겠습니까?
- Will : 대안 중 구체적으로 무엇을 하시겠습니까?

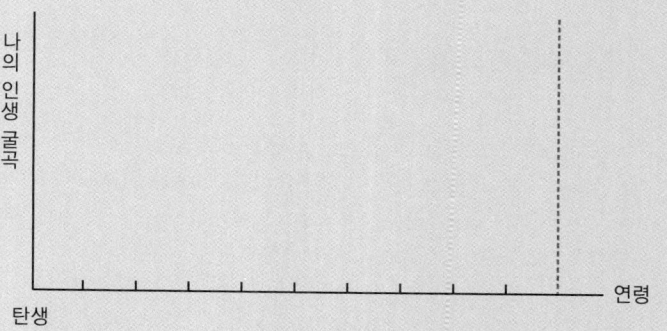

1. 자신의 성공 경험 또는 역경 극복 경험이 주는 깨달음에서 당신의 어떤 자원이 그것을 가능하게 했는가?

2. 성공과 역경을 극복한 자신에게 어떤 인정의 말을 하겠는가?

3. 현재 상태에서 자신에게 필요한 자원(강점)은 무엇인가?

4. 과거에 방해했던 요소가 지금 현재까지 영향을 미치는 것이 있다면 무엇인가?

5. 앞으로 5년 후 또는 10년 후 당신은 어떤 모습이기를 바라는가? 궁극적으로 이루고 싶은 것은 무엇인가?(원하는 모습이 되고자 하는 나이를 표시하고 그 위치에 점을 찍는다. 이루고 싶은 목표를 구체적으로 기록한다. 원하는 목표를 이룬 후 궁극적으로 이루고 싶은 것은 무엇인지 적는다.)

6. 현재 상태에서 원하는 상태 사이의 갭을 메우기 위해 당신의 강점으로 할 수 있는 대안은 어떤 것입니까? 또 어떤 것들이 있습니까?

7. 당신의 성장을 방해하는 것은 무엇입니까? 어떻게 극복하시겠습니까?

8. 대안 중 구체적으로 무엇을 하시겠습니까? 언제 하시겠습니까?

9. 스스로 해 낸 것을 어떻게 확인할 수 있습니까?

10. 용기를 가지고 하겠다는 의지를 가진 당신에게 스스로 어떤 인정을 하시겠습니까? 만약 그것을 다 해 내셨다면 그런 당신에게 어떤 인정을 하시겠습니까?